簿 記 実 務 検 定
ステップ バィ ステップ
12 訂 版
3 級

JN096400

── は じ め に ──

　商業高校に学びながらも，簿記を苦手とする人が少なからずいるといわれています。それは，簿記をなにか特別の科目であるかのように考えたり，あるいは簿記の教科書はむずかしいと敬遠したりすることに一因があるのではないでしょうか。

　たしかに，これまでの簿記の本のなかには，簿記がきわめて論理性が高い科目であることから，正確な説明を心がけようとして，必要以上にむずかしく解説しているものが少なからずあります。しかし，もともと簿記は，実務のなかから自然発生的に生まれてきたものですから，原理的には，だれにでも理解できるような簡単なものだったはずです。

　そこで，本書は簿記を苦手とする人に，どうすれば簿記を理解してもらえるか，簿記の体系を根本から見直して，「わかりやすさ」を第一として，いろいろと工夫をこらして編集しました。

　「基本例題」を何度も繰り返して覚えこむようにしてください。それから「基本問題」「発展問題」と順に段階をおって問題を解いていきましょう。

　簿記はやさしく，理解しやすいものであることに気がつかれるでしょう。

　おもしろくなってくれば，ゴールはもうすぐです。本書を効果的に活用して，検定合格の栄冠に輝くことができるよう期待しています。

── 本書の特徴 ──

(1)　本書は，簿記が苦手になっている人でも十分に理解することができ，全商簿記実務検定に合格できるように編集されています。

(2)　まず「基本例題」で基礎的な事項を学習し，さらに「基本問題」「発展問題」と順をおって問題を解くことによって，知識を着実に積み重ねられるように工夫しています。

(3)　仕訳と帳簿記入は，学習のリズムが異なるので，章だてを別にしています。これはまた，現金出納帳と当座預金出納帳，仕入帳と売上帳などは，まとめて学習する方が理解しやすいと思われるからです。

(4)　商品に関する勘定は，仕入・売上・繰越商品勘定の3分法で統一してあります。

(5)　決算は1箇所にまとめてあります。

(6)　作問や配列にも工夫をこらしています。出題範囲にふくまれていても，過去10年間に一度も出題されていない勘定科目などは，省略してあります。

簿記ってどんなこと？

Q　簿記とは，どういうものなのですか。

A　簿記とは，一定のルールにしたがって，取引を記録したり，計算したり，整理したりする技術です。

Q　取引というのは，私たちがふつう日常的に使っている取引と同じですか。

A　簿記で取引というのは，私たちが日常的に使っている取引ということばとほとんど同じですが，多少異なったところもあります。

Q　どのようなところが異なっているのですか。

A　簿記では，資産・負債・純資産(資本)などが増えたり，減ったりすることを取引といっています。ですから，お店が火災にあって，建物や商品がなくなったりすると，これも取引ということになります。しかしはじめのうちは，あまりそういった違いは気にしない方がいいでしょう。私たちが一般的にいう取引と簿記上の取引は，だいたい同じなのですから。

Q　簿記は，どういう目的で取引を記録したり，計算したり，整理したりするのですか。

A　会社や商店などで，財産管理をしたり，経営がどうなっているのかを正確に把握したりするためです。

　会社でも商店でも，利益を得ることを目的に営業活動をおこなっています。営業活動の結果，どれだけの利益があったかを正確に知るために，簿記の技術が必要となるのです。個人商店などでは，簿記の技術がなくても，大ざっぱなところはわかると思いますが，会社の規模が大きくなると，簿記の技術によって営業活動を正しく記録しないと，会社の営業活動がうまくいっているのかどうか，まったくわからなくなります。

　個人商店でも，税金の申告をしたりするとき，簿記による記録が必要になってきます。

Q　さきほど資産・負債・純資産(資本)ということばを使われましたが，どういうものなのか，もう少し説明してください。

A　資産というのは，現金や商品のように，私たちの生活に役に立つもの，ことばをかえれば，価値のあるものということができます。

　たとえば，いま，私のポケットから1万円札を1枚取り出したとします。この1万円は，現金という資産です。この1万円の現金は，1万円札という姿で私の目の前にあります。一方で，この1万円については，目で見る

ことはできませんが，私のものであるという事実があります。

　要するに，私のポケットから取り出したこの1万円札について資産（現金）が1万円であるということと同時に，私のものが1万円であるという，2つのとらえ方ができます。この私のものということを，簿記では，純資産(資本)といっています。

資　産 $\yen$ 10,000 (現　金)	純資産 $\yen$ 10,000 (資　本)

資　産 ＝ 純資産
　　　　　　(資　本)

　それでは，この1万円のほかに，友人から1万円を借りたとします。そうすると，1万円札が2枚になり，現金が2万円，つまり資産が2万円となります。

　私のポケットから取り出した1万円札も，友人から借りた1万円札も，現金としての価値はまったく同じです。しかし，それぞれの出てきたところは違います。1万円は私のもので，別の1万円は友人から借りたものです。この借りたものを，簿記では，負債といいます。負債は，いつか返さなければならないものです。

　さて，この現金2万円についても，資産(現金)が2万円であるということと同時に，私のもの＝純資産(資本)が1万円と，借りたもの＝負債が1万円であるという，2つのとらえ方ができます。

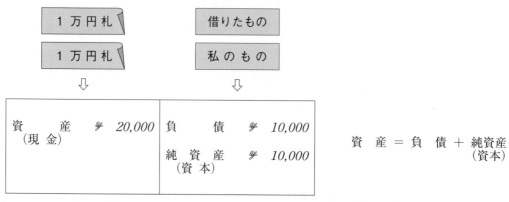

資　産 $\yen$ 20,000 (現　金)	負　債 $\yen$ 10,000
	純資産 $\yen$ 10,000 (資　本)

資　産 ＝ 負　債 ＋ 純資産
　　　　　　　　　　　(資　本)

　簿記は，一定のルールにしたがって，取引を記録したり，計算したり，

整理したりする技術である，と最初にいいましたが，このルールの出発点は，「資産＝負債＋純資産(資本)」という式にあります。

Q 利益や損失はどうして出るのですか。

A 企業が営業活動をおこなうと，さまざまな取引が発生します。たとえば，商品を売ったり，手数料を受け取ったりします。また，給料を支払ったり，電話代や家賃を支払ったりします。つまり，営業活動をおこなうことによって，収益や費用が発生します。資産・負債・純資産(資本)の相互の取引だけでは，資産・負債・純資産(資本)のバランスが変わるだけで，利益や損失は出てきません。収益や費用の発生によって，はじめて利益や損失が出るのです。収益より費用の方が多ければ損失となり，費用より収益の方が多ければ利益となります。

Q 収益・費用とはどういうものなのか，もう少し説明してください。

A さきほど，純資産(資本)＝私のものと説明しましたが，営業活動の結果，この純資産(資本)＝私のものが増えていれば利益が出ており，減っていれば損失となります。その利益や損失の原因が収益・費用なのです。つまり，純資産(資本)＝私のものの増加する原因を収益といい，減少する原因を費用といいます。

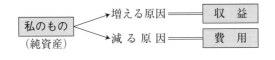

$$費\quad 用 < 収\quad 益 \implies 利\quad 益$$
$$費\quad 用 > 収\quad 益 \implies 損\quad 失$$

収益・費用の発生や，資産・負債・純資産(資本)の増減を，一定のルールにしたがって，一つ一つていねいに記録をして，さらに，記録したものを計算・整理していきます。そうすると，会社でも商店でも，資産・負債・純資産(資本)の状態がどうなっているか，あるいは，利益や損失がどれくらい出ていてそれはなぜなのかということがわかるしくみになっています。

Q　そのしくみというのを説明してください。

A　簿記のしくみには，いくつかのルールがあります。
まず，さきほどの資産＝負債＋純資産(資本)という式を見てください。

　　等式の左側を資産の「基地」とします。等式の右側を負債と純資産(資本)の「基地」とします。簿記では左側を借方，右側を貸方といいます。

　　そこで，資産の増加は，「基地」の借方に記入し，反対に，資産の減少は，貸方に記入することにします。同様に，負債と純資産の増加は「基地」の貸方に記入し，負債と純資産(資本)の減少は，借方に記入することにします。また，費用の発生は借方に記入し，収益の発生は貸方に記入することにします。

　　このようなルールにしたがって，取引を分解することを仕訳といいます。

　　簿記は，取引を仕訳することから始まります。ですから，学習にあたっては，まず最初に，しっかりと基本を身につけることがたいせつです。

❖　取引の8要素

借　方　要　素 （借方に記入する場合）	貸　方　要　素 （貸方に記入する場合）
資 産 の 増 加	資 産 の 減 少
負 債 の 減 少	負 債 の 増 加
純資産の減少 （資本）	純資産の増加 （資本）
費 用 の 発 生	収 益 の 発 生

Q　簿記の具体的手続きを簡単に説明してください。

A　取引を要素に分解することを仕訳ということは前に説明しましたが，仕訳をもとにしていろいろな帳簿に記入しなければなりません。帳簿のうちもっとも中心となるものは，仕訳を記入する仕訳帳と資産・負債・純資産(資本)・収益・費用を具体的な項目にして記入する総勘定元帳の2つです。仕訳を総勘定元帳に記入することを転記といい，最後には総勘定元帳をもとにして，資産・負債・純資産(資本)を一覧表にした貸借対照表と収益・費用を一覧表にした損益計算書という表を作ります。

Q　仕訳帳にはどうやって記入するのですか。

A　仕訳帳の形式は次に示しますが，左から日付・摘要・元丁・借方・貸方の欄があります。日付には取引の日付を記入し，摘要は中央から左と右に分けて，左を借方，右を貸方としてそれぞれの項目の名称を記入します。カッコをつける場合とつけない場合があります。各項目は1行につき1つだけの記入になりますから借方と貸方は段差になります。また，項目が借方・貸方のいずれの場合も，同じ側に2つ以上になるときは，原則として諸口と記入します。元丁には，総勘定元帳の項目ごとに付けられた番号(口座番号)を記入し，転記の照合をします。なお，借方・貸方は，摘要に記入した項目の記入した側に金額を記入します。

具体例を示せば次のようになります。なお，仕訳帳をはじめとしていろいろな帳簿の記入もしっかり練習しましょう。

例題　次の取引を仕訳帳に記入しなさい。

ただし，ⅰ　仕訳帳の小書きは省略する。

ⅱ　元丁欄には買掛金勘定(番号8)・仕入勘定(番号20)のみ記入すればよい。

取引

1月10日　札幌商店から商品¥450,000を仕入れ，代金は掛けとした。

12日　札幌商店から仕入れた商品のうち¥10,000分は，品質不良のため返品した。なお，この代金は買掛金から差し引くことにした。

15日　函館商店に，買掛金の一部¥120,000を現金で支払った。

23日　函館商店から商品¥250,000を仕入れ，代金のうち¥100,000については小切手を振り出して支払い，残額は掛けとした。

解答

元丁欄には，照合のために，総勘定元帳の口座番号を記入する。

仕　訳　帳　　　　1

令和〇年		摘　　　　　要	元丁	借　　　方	貸　　　方
1	1	前　期　繰　越　高	✓	3,800,000	3,800,000
	10	（仕　　　　　入）	20	450,000	
		（買　掛　金）	8		450,000
	12	（買　掛　金）	8	10,000	
		（仕　　　　　入）	20		10,000
	15	（買　掛　金）	8	120,000	
		（現　　　　　金）			120,000
	23	（仕　　　　　入）諸　　　口	20	250,000	
		（当　座　預　金）			100,000
		（買　掛　金）	8		150,000

勘定科目が2つ以上あるときは，「諸口」をつける。

1 現金受け払いの記帳

BASIS | **基本例題** 完全にマスターしよう

次の取引の仕訳を示しなさい。

(1) 東京商店から，<u>手数料として ¥50,000</u> を<u>現金</u>で受け取った。
　　　　　　　　受取手数料　　　　　　　　　　　現金

(2) 川崎商店から，<u>売掛金 ¥200,000</u> を<u>現金</u>で受け取った。
　　　　　　　　売掛金　　　　　　　　現金

(3) 静岡商店から，<u>売掛金 ¥300,000</u> を同店振り出しの<u>小切手</u>で受け取った。
　　　　　　　　売掛金　　　　　　　　　　　　　　　現金

(4) 浦和商店に対する<u>買掛金 ¥100,000</u> を<u>現金</u>で支払った。
　　　　　　　　　　買掛金　　　　　　　　現金

(5) <u>広告料 ¥30,000</u> を<u>現金</u>で支払った。
　　広告料　　　　　　現金

STEP 1 | **基本問題** 実力をアップしよう　　　　　　（解答 ⇨ *p.3*）

次の取引の仕訳を示しなさい。

(1) 手数料として ¥40,000 を現金で受け取った。

　　（借）　　　　　　　　　　　　　（貸）

(2) 上野商店に対する売掛金 ¥80,000 の回収として現金を受け取った。

　　（借）　　　　　　　　　　　　　（貸）

(3) 西北商店に対する売掛金 ¥200,000 の回収として送金小切手を受け取った。

　　（借）　　　　　　　　　　　　　（貸）

(4) 大森商店に対する買掛金 ¥70,000 を現金で支払った。

　　（借）　　　　　　　　　　　　　（貸）

(5) 本月分の給料 ¥180,000 を現金で支払った。

　　（借）　　　　　　　　　　　　　（貸）

覚えよう

❖ 現金を受け取ったときは，現金勘定の借方に記入する。

❖ 現金を支払ったときは，現金勘定の貸方に記入する。

	現	金
	収 入 高	支 出 高

(1) （借）現　　　　金 *50,000* （貸）受 取 手 数 料 *50,000*

(2) （借）現　　　　金 *200,000* （貸）売　　掛　　金 *200,000*

(3) （借）現　　　　金 *300,000* （貸）売　　掛　　金 *300,000*

(4) （借）買　掛　金 *100,000* （貸）現　　　　金 *100,000*

(5) （借）広　告　料 *30,000* （貸）現　　　　金 *30,000*

STEP 2) 発展問題　チャレンジしよう （解答⇨*p.3*）

次の取引の仕訳を示しなさい。

(1) 佐賀商店に対する売掛金の一部 *¥120,000* を現金で回収した。（全商28回一部修正）

（借）　　　　　　　　　　　　　（貸）

(2) 高知商店に対する売掛金を同店振り出しの小切手 *¥200,000* で回収した。

（全商34回一部修正）

（借）　　　　　　　　　　　　　（貸）

(3) 大阪商店に対する買掛金 *¥90,000* を現金で支払った。　　　（全商33回一部修正）

（借）　　　　　　　　　　　　　（貸）

(4) インターネット通信の代金として *¥7,000* を現金で支払った。（全商89回一部修正）

（借）　　　　　　　　　　　　　（貸）

(5) 商品売買の仲介をおこない，岩国商店から手数料として同店振り出しの小切手 *¥30,000* を受け取った。　　　（全商86回一部修正）

（借）　　　　　　　　　　　　　（貸）

Q & A

Q　小切手を受け取ったとき，現金勘定の借方に記入するのはなぜですか。

A　受け取った小切手は，銀行の窓口に持って行けば，すぐ現金にかえてくれるので，現金を受け取ったときと同じに扱うのです。

Q　小切手のほかにも，現金として扱うものがありますか。

A　簿記で現金として扱うものは，現金のほかに，他人振り出しの小切手や送金小切手などがあります。

2 現金過不足の記帳

次の取引の仕訳を示しなさい。

(1) 現金の実際有高を調べたところ，帳簿残高より*21,000 不足していた。
　　現金　　　　　　　　　　　　　　　　　　　　　　　　現金過不足

(2) かねて調査中であった現金不足額のうち*15,000 は，発送費の記帳もれで
　　　　　　　　　　　現金過不足　　　　　　　　発送費
あることが判明した。

(3) かねて調査中であった現金不足額*6,000 は，決算日になっても，その原
　　　　　　　　　　　現金過不足
因が不明なので，雑損として処理した。
　　　　　　　　　　雑損

(4) 現金の実際有高を調べたところ，帳簿残高より*4,500 多かった。
　　現金　　　　　　　　　　　　　　　　　　　　　　　現金過不足

(5) かねて調査中であった現金過剰額のうち*3,000 は，受取手数料の記帳も
　　　　　　　　　　　現金過不足　　　　　　　　受取手数料
れであることが判明した。

(6) かねて調査中であった現金過剰額*1,500 は，決算日になっても，その原
　　　　　　　　　　　現金過不足
因が不明なので，雑益として処理した。
　　　　　　　　　　雑益

STEP 1 基本問題 実力をアップしよう　　　　　　　　　　　（解答⇨*p.3*）

次の取引の仕訳を示しなさい。

(1) 現金の実際有高を調べたところ，帳簿残高より*25,000 不足していた。
　（借）　　　　　　　　　　　　　　（貸）

(2) かねて調査中であった現金不足額のうち*18,000 は，消耗品費の記帳もれであ
ることが判明した。（消耗品費勘定）
　（借）　　　　　　　　　　　　　　（貸）

(3) かねて調査中であった現金不足額のうち*7,000 は，決算日になっても，その原
因が不明なので，雑損とした。
　（借）　　　　　　　　　　　　　　（貸）

(4) かねて調査中であった現金過剰額のうち*12,000 は，受取地代の記帳もれであ
ることが判明した。（受取地代勘定）
　（借）　　　　　　　　　　　　　　（貸）

(5) かねて調査中であった現金過剰額のうち*1,000 は，決算日になっても，その原
因が不明なので，雑益とした。
　（借）　　　　　　　　　　　　　　（貸）

	現金過不足				現金過不足	
不　足　額		（原因判明 雑損振替）		（原因判明 雑益振替）		過　剰　額

(1)	（借）	現 金 過 不 足	*21,000*	（貸）	現　　　　　金	*21,000*
(2)	（借）	発　　送　　費	*15,000*	（貸）	現 金 過 不 足	*15,000*
(3)	（借）	雑　　　　　損	*6,000*	（貸）	現 金 過 不 足	*6,000*
(4)	（借）	現　　　　　金	*4,500*	（貸）	現 金 過 不 足	*4,500*
(5)	（借）	現 金 過 不 足	*3,000*	（貸）	受 取 手 数 料	*3,000*
(6)	（借）	現 金 過 不 足	*1,500*	（貸）	雑　　　　　益	*1,500*

STEP 2 　発展問題　チャレンジしよう

（解答⇨*p.3*）

次の取引の仕訳を示しなさい。

(1) かねて調査中であった現金不足額のうち*¥6,000*は，発送費の支払いの記帳もれであることが判明した。

　　（借）　　　　　　　　　　　　　　　（貸）

(2) かねて調査中であった現金不足額*¥1,000*は，決算日になっても，その原因が判明しなかったので，雑損とした。

　　（借）　　　　　　　　　　　　　　　（貸）

(3) 現金の実際有高を調べたところ，帳簿残高より*¥2,000*少なかった。よって，帳簿残高を修正して，その原因を調査することにした。　　　　　　　　（全商88回）

　　（借）　　　　　　　　　　　　　　　（貸）

(4) かねて調査中であった現金過不足勘定の残高*¥3,000*は，決算日に雑益とした。

　　（借）　　　　　　　　　　　　　　　（貸）

覚えよう

❖ 現金の不足額は，現金過不足勘定の借方に記入する。

❖ 現金の過剰額は，現金過不足勘定の貸方に記入する。

当座預金の記帳

次の取引の仕訳を示しなさい。

(1) 西北銀行と当座取引を開始し，現金╱300,000 を当座預金に預け入れた。
　　<u>現金</u>　　　　　　　　　　　　　　　　　<u>当座預金</u>

(2) 新宿商店振り出しの小切手╱200,000 を当座預金に預け入れた。
　　<u>現金</u>　　　　　　　　　　　　　<u>当座預金</u>

(3) 原宿商店から，<u>売掛金の一部╱150,000</u> を同店振り出しの小切手で受け取
　　　　　　　　　<u>売掛金</u>
　り，ただちに当座預金に預け入れた。
　　　　　　　<u>当座預金</u>

(4) 目白商店に対する<u>買掛金╱400,000</u> を，<u>小切手を振り出して</u>支払った。た
　　　　　　　　　　<u>買掛金</u>　　　　　　　　<u>当座預金</u>
　だし，当座預金勘定の残高は╱500,000 である。

(5) 池袋商店に対する<u>買掛金╱400,000</u> を，<u>小切手を振り出して</u>支払った。た
　　　　　　　　　　<u>買掛金</u>　　　　　　　<u>当座預金</u>
　だし，当座預金勘定の残高は╱300,000 であり，限度額を╱500,000 とする
　当座借越契約を結んでいる。

次の取引の仕訳を示しなさい。

(1) 東西銀行と当座取引を開始し，現金╱500,000 を当座預金に預け入れた。
　　（借）　　　　　　　　　　　　　　　（貸）

(2) 青森商店から，手数料として同店振り出しの小切手╱60,000 を受け取り，ただち
　に当座預金とした。
　　（借）　　　　　　　　　　　　　　　（貸）

(3) 秋田商店から売掛金╱300,000 を送金小切手で受け取り，ただちに当座預金とした。
　　（借）　　　　　　　　　　　　　　　（貸）

(4) 岩手商店は小切手を振り出して，現金╱200,000 を引き出した。
　　（借）　　　　　　　　　　　　　　　（貸）

(5) 福島商店に対する買掛金╱100,000 を小切手を振り出して支払った。ただし，当
　座預金勘定の残高は╱70,000 であり，限度額を╱300,000 とする当座借越契約を結
　んでいる。
　　（借）　　　　　　　　　　　　　　　（貸）

覚えよう

　❖　当座預金に預け入れたときは，当座預金勘定の借方に記入する。

　❖　小切手を振り出したときは，当座預金勘定の貸方に記入する。ただし，当座預
　　金勘定の残高を超えた金額は，銀行から借り入れたことになるので，当座借越勘
　　定(負債の勘定)の貸方に記入する。

預け入れ高	引き出し高 (小切手振出高)

当座預金出納帳 ⇨ P.17

(1)	(借)	当 座 預 金	300,000	(貸)	現　　　金	300,000
(2)	(借)	当 座 預 金	200,000	(貸)	現　　　金	200,000
(3)	(借)	当 座 預 金	150,000	(貸)	売 掛 金	150,000
(4)	(借)	買 掛 金	400,000	(貸)	当 座 預 金	400,000
(5)	(借)	買 掛 金	400,000	(貸)	当 座 預 金	300,000
					当 座 借 越	100,000

STEP 2 　**発展問題**　チャレンジしよう　　　　　　　　(解答⇨*p.3*)

次の取引の仕訳を示しなさい。

(1) 千葉商店から売掛金¥430,000 を同店振り出しの小切手で受け取り，ただちに当座預金に預け入れた。　　　　　　　　　　　　　　　　　(全商73回)
　　(借)　　　　　　　　　　　　　(貸)

(2) 島根商店に対する買掛金¥210,000 を小切手を振り出して支払った。ただし，当座預金勘定の残高は¥300,000 である。　　　　　　　　　　(全商77回)
　　(借)　　　　　　　　　　　　　(貸)

(3) 鹿児島商店から売掛金¥700,000 を同店振り出しの小切手で受け取り，ただちに当座預金に預け入れた。　　　　　　　　　　　(全商82回一部修正)
　　(借)　　　　　　　　　　　　　(貸)

(4) 新潟商店に対する買掛金¥140,000 を小切手を振り出して支払った。ただし，当座預金勘定の残高は¥40,000 であり，限度額を¥600,000 とする当座借越契約を結んでいる。　　　　　　　　　　　　　　　　　　(全商84回)
　　(借)　　　　　　　　　　　　　(貸)

(5) 鳥取商店から売掛金¥390,000 を同店振り出しの小切手で受け取り，ただちに当座預金に預け入れた。ただし，当座借越勘定の残高が¥240,000 ある。(全商86回)
　　(借)　　　　　　　　　　　　　(貸)

Q & A

Q　当座借越勘定に残高があるときに，当座預金に入金した場合はどうするのですか。

A　まず銀行から借り入れている当座借越を返済して，残りの当座預金とします。

4 普通預金・定期預金などの記帳

BASIS | **基本例題** 完全にマスターしよう

次の取引の仕訳を示しなさい。

(1) 現金*¥500,000* を普通預金に預け入れた。
　　　現金　　　　　　　　普通預金

(2) 現金*¥900,000* を定期預金に預け入れた。
　　　現金　　　　　　　　定期預金

(3) 定期預金*¥900,000* が本日満期となり，利息*¥20,000* とともに現金で受け
　　定期預金　　　　　　　　　　　　　　　　受取利息　　　　　　　現金
取った。

(4) 全商銀行に定期預金として小切手*¥100,000* を振り出して預け入れた。
　　　　　　　　　定期預金　　　　当座預金

STEP 1 | **基本問題** 実力をアップしよう　　　　　　　　　　（解答⇨*p.4*）

次の取引の仕訳を示しなさい。

(1) 現金*¥300,000* を普通預金に預け入れた。
　（借）　　　　　　　　　　　　　　（貸）

(2) 現金*¥800,000* を定期預金に預け入れた。
　（借）　　　　　　　　　　　　　　（貸）

(3) 定期預金*¥800,000* が本日満期となり，利息*¥44,000* とともに当座預金に預け入
れた。
　（借）　　　　　　　　　　　　　　（貸）

(4) 全商銀行に定期預金として小切手*¥230,000* を振り出して預け入れた。
　（借）　　　　　　　　　　　　　　（貸）

覚えよう

❖ 普通預金に預け入れたときは，普通預金勘定の借方に記入する。

❖ 普通預金を引き出したときは，普通預金勘定の貸方に記入する。

❖ 定期預金に預け入れたときは，定期預金勘定の借方に記入する。

❖ 定期預金を引き出したときは，定期預金勘定の貸方に記入する。

普通預金		定期預金	
預け入れ高	引き出し高	預け入れ高	引き出し高

	(借)		普 通 預 金	500,000	(貸)	現	金	500,000
(1)	(借)	普 通 預 金		500,000	(貸)	現	金	500,000
(2)	(借)	定 期 預 金		900,000	(貸)	現	金	900,000
(3)	(借)	現	金	920,000	(貸)	定 期 預 金		900,000
						受 取 利 息		20,000
(4)	(借)	定 期 預 金		100,000	(貸)	当 座 預 金		100,000

STEP 2 　**発展問題** チャレンジしよう 　　　　　　　　（解答⇨*p.4*）

次の取引の仕訳を示しなさい。

(1) 全商銀行に現金 ¥300,000 を普通預金として預け入れた。　　　（全商91回）

　　（借）　　　　　　　　　　　　　（貸）

(2) 全商銀行に現金 ¥80,000 を普通預金として預け入れた。　　　（全商90回）

　　（借）　　　　　　　　　　　　　（貸）

(3) 全商銀行に定期預金として小切手＃5 ¥800,000 を振り出して預け入れた。

　　　　　　　　　　　　　　　　　　　　　　　　　　　　　（全商92回）

　　（借）　　　　　　　　　　　　　（貸）

(4) 全商銀行に定期預金として小切手＃8 ¥450,000 を振り出して預け入れた。

　　　　　　　　　　　　　　　　　　　　　　　　　　　　　（全商88回）

　　（借）　　　　　　　　　　　　　（貸）

(5) 全商銀行に定期預金として小切手＃25 ¥400,000 を振り出して預け入れた。

　　　　　　　　　　　　　　　　　　　　　　　　　　　　　（全商82回）

　　（借）　　　　　　　　　　　　　（貸）

現金出納帳への記帳

（解答⇨*p.4*）

BASIS | **基本例題** 完全にマスターしよう

次の取引を現金出納帳に記入して締め切りなさい。

取 引

1月25日　取引銀行の普通預金から，現金*200,000* を引き出した。

　　30日　島根商店に対する買掛金*250,000* を現金で支払った。

解 答

現 金 出 納 帳　　　　　　　　　2

令和 ○年		摘　　　　　　要	収　　　入	支　　　出	残　　　高
		前ページから	960,000		960,000
1	25	取引銀行，普通預金引き出し	200,000		1,160,000
	30	島根商店に買掛金支払い		250,000	910,000
	31	次月繰越		910,000	←残高を記入。
			1,160,000	1,160,000	

締め切りは計算線1本，
締切線2本である。

STEP 1 | **基本問題** 実力をアップしよう

次の取引を現金出納帳に記入して締め切りなさい。

取 引

1月26日　鳥取商店に対する買掛金*180,000* を現金で支払った。

　　30日　1月分の水道光熱費*64,000* を現金で支払った。

解 答

現 金 出 納 帳　　　　　　　　　2

令和 ○年		摘　　　　　　要	収　　　入	支　　　出	残　　　高
		前ページから	530,000		530,000

覚えよう

❖　現金出納帳は，現金収支の明細を記入する補助簿である。

❖　現金出納帳の残高と現金勘定の残高とは，いつも一致する。

当座預金出納帳への記帳

（解答⇨*p.4*）

BASIS | **基本例題** 完全にマスターしよう

次の取引を当座預金出納帳に記入して締め切りなさい。

取　引

1月10日　日光商店から，売掛金の一部*¥120,000*を同店振り出しの小切手＃22で受け取り，ただちに当座預金に預け入れた。

　　31日　高崎商店に，買掛金*¥270,000*を小切手#35を振り出して支払った。

解　答

当 座 預 金 出 納 帳
1

令和○年		摘　　　　要	預　入	引　出	借または貸	残　高
1	1	前 月 繰 越	360,000		借	360,000
	10	日光商店から売掛金回収　小切手#22	120,000		〃	480,000
	31	高崎商店に買掛金支払い　小切手#35		270,000	〃	210,000
	〃	次 月 繰 越		210,000		
			480,000	480,000		

1本線→
2本線→

STEP 2 | **発展問題** チャレンジしよう　　　　　　（解答⇨*p.4*）

静岡商店における1月7日の取引と当座預金出納帳から，（　ア　）と（　イ　）の金額を求めなさい。ただし，限度額を*¥200,000*とする当座借越契約を結んでいる。

（全商80回一部修正）

取　引

1月7日　島田商店から売掛金*¥247,000*を同店振り出しの小切手＃4で受け取り，ただちに当座預金に預け入れた。

当 座 預 金 出 納 帳

令和○年		摘　　　　要	預　　入	引　　出	借または貸	残　高
1	1	前 月 繰 越	80,000		借	80,000
	5	浜松商店から商品仕入れ　小切手#13		（　ア　）	貸	20,000
	7	島田商店から売掛金回収　小切手#4	（　　　）		借	（　イ　）

解答欄

ア	*¥*		イ	*¥*	

覚えよう

✣　当座預金出納帳は，当座預金の預け入れと引き出しの明細を記入する補助簿である。

7 小口現金の処理と記帳

BASIS **基本例題** 完全にマスターしよう

次の取引の仕訳を示しなさい。

(1) 定額資金前渡法(インプレスト・システム)により，庶務係に小切手*¥30,000*
　　　　　　　　　　　　　　　　　　　　　　　　　　　　　当座預金
　　を振り出して前渡しした。

(2) 庶務係から当月の支払いについて，次のような報告を受けた。

　　　通　信　費　*¥4,000*　交　通　費　*¥3,000*

　　　消耗品費　*〃2,000*　雑　　　費　*〃1,000*

(3) 当月の小口現金の支払額*¥10,000* を同額の小切手を振り出して補給した。
　　　　　　　　　　　　　　　当座預金

STEP 1 **基本問題** 実力をアップしよう　　　　　　　　(解答⇨*p.4*)

次の取引の仕訳を示しなさい。

(1) 定額資金前渡法(インプレスト・システム)を採用している香川商店の会計係は，
　　庶務係に小切手*¥50,000* を振り出して前渡しした。
　　(借)　　　　　　　　　　　　　　　　(貸)

(2) 庶務係から会計係に今月の支払いについて，次のとおり報告があったので，ただ
　　ちに同額の小切手を振り出して補給した。
　　　　　通　信　費　*¥5,000*　交　通　費　*¥3,000*　消耗品費　*¥2,000*
　　　　　雑　　　費　*〃1,000*
　　(借)　　　　　　　　　　　　　　　　(貸)

(3) 定額資金前渡法(インプレスト・システム)を採用している高知商店の会計係は，
　　庶務係に小口現金として*¥30,000* を前渡ししていたが，本日，当月分の支払高に
　　ついて，次のとおり報告を受けたので，ただちに小切手を振り出して補給した。
　　　　　通　信　費　*¥5,000*　交　通　費　*¥3,000*　雑　　　費　*¥1,000*
　　(借)　　　　　　　　　　　　　　　　(貸)

(1)	(借)	小口現金	30,000	(貸)	当座預金	30,000	
(2)	(借)	通信費	4,000	(貸)	小口現金	10,000	
		交通費	3,000				
		消耗品費	2,000				
		雑費	1,000				
(3)	(借)	小口現金	10,000	(貸)	当座預金	10,000	

STEP 2 　発展問題　チャレンジしよう　(解答⇨p.4)

次の取引の仕訳を示しなさい。

(1) 千葉商店では定額資金前渡法(インプレスト・システム)を採用することとし，小口現金として小切手₩30,000 を振り出して庶務係に渡した。　(全商89回)

　(借)　　　　　　　　　　　　　(貸)

(2) 定額資金前渡法(インプレスト・システム)を採用している石川商店の会計係は，庶務係に小口現金として₩50,000 を前渡ししていたが，本日，当月分の支払額について，次のとおり報告を受けたので，ただちに小切手を振り出して補給した。

　(全商91回)

　　　通信費 ₩20,000 消耗品費 ₩17,000 雑費 ₩8,000
　(借)　　　　　　　　　　　　　(貸)

(3) 定額資金前渡法(インプレスト・システム)を採用している滋賀商店の会計係は，月末に庶務係から次の小口現金出納帳にもとづいて，当月分の支払高の報告を受けたので，ただちに小切手を振り出して補給した。　(全商81回)

小口現金出納帳

収　入	令和○年		摘　要	支　出	内　　　訳			残　高
					通信費	交通費	雑費	
30,000	1	1	前月繰越					30,000
			合　計	28,000	9,000	17,000	2,000	
		(借)			(貸)			

総合演習問題 1

1 次の取引の仕訳を示しなさい。 (解答⇨*p.5*)

(1) 山形商店から売掛金の一部 ₩200,000 を同店振り出しの小切手#4で受け取った。

(2) 宮城商店から商品陳列用ケース ₩310,000 を買い入れ，代金は小切手#6を振り出して支払った。

(3) かねて調査中であった現金の不足額 ₩4,000 は，切手購入時の記入もれであったことが判明した。

(4) かねて調査中であった現金の不足額 ₩3,000 について，決算日に消耗品費 ₩1,000 と交通費 ₩2,000 の記入もれがあることが判明した。

(5) 全商銀行に現金 ₩200,000 を普通預金として預け入れた。

(6) 全商銀行に定期預金として小切手#12 ₩400,000 を振り出して預け入れた。

(7) 岩手新聞販売店に折り込み広告代金として ₩50,000 を現金で支払った。

(8) 青森商店に買掛金の一部 ₩90,000 を小切手を振り出して支払った。ただし，当座預金の残高は ₩50,000 であり，借越限度額を ₩500,000 とする当座借越契約を結んでいる。

(9) 秋田商店から売掛金 ₩100,000 を同店振り出しの小切手で受け取り，ただちに当座預金に預け入れた。ただし，当座借越勘定の残高が ₩320,000 ある。

解答欄

	借　　　方	貸　　　方
(1)		
(2)		
(3)		
(4)		
(5)		
(6)		
(7)		
(8)		
(9)		

2 滋賀商店の次の勘定記録と当座預金出納帳から，（　ア　）と（　イ　）に入る金額を求めなさい。ただし，借越限度額を¥500,000とする当座借越契約を結んでいる。

（全商88回）

当　座　預　金

1/1 前期繰越　120,000	1/12 仕　入　（　　　）	
10 売 掛 金 （ ア ）		

当　座　借　越

	1/12 仕　入　50,000

当　座　預　金　出　納　帳

令和○年		摘　　　　　　要	預　入	引　出	借または貸	残　高
1	1	前　月　繰　越	120,000		借	120,000
	10	彦根商店から売掛金回収	（　　　）		〃	270,000
	12	大津商店から商品仕入れ　小切手#25		（　イ　）	貸	（　　　）

解答欄

ア	¥		イ	¥	

3 兵庫商店の次の勘定記録と当座預金出納帳から，（　ア　）と（　イ　）の金額を求めなさい。ただし，借越限度額を¥400,000とする当座借越契約を結んでいる。

（全商81回）

当　座　預　金

1/1 前期繰越　60,000	1/12 買 掛 金 （　　　）	
8 現　　金　50,000		
15 売 掛 金　80,000		

当　座　借　越

1/15 売 掛 金 （ イ ）	1/12 買 掛 金 （　　　）

当　座　預　金　出　納　帳

令和○年		摘　　　　　　要	預　入	引　出	借または貸	残　高
1	1	前　月　繰　越	60,000		借	60,000
	8	現金を預け入れ	（　　　）		〃	（　ア　）
	12	伊丹商店に買掛金支払い　小切手　#27		130,000	貸	20,000
	15	明石商店から売掛金回収	（　　　）		借	80,000

解答欄

ア	¥		イ	¥	

8 商品を仕入れたときの記帳

BASIS | **基本例題** 完全にマスターしよう

次の取引の仕訳を示しなさい。ただし，商品に関する勘定は3分法によること。

(1) 大阪商店から商品 *¥50,000* を仕入れ，代金は小切手を振り出して支払った。
　　　　　　　　　　　　　　　　　仕入　　　　　　　　　当座預金

(2) 京都商店から商品 *¥200,000* を掛けで仕入れた。
　　　　　　　　　　　　　　　買掛金　　仕入

(3) 京都商店から仕入れた商品のうち不良品 *¥5,000* を返品し，この分は買掛金
　　　　　　　　　　　　　　　　　　　　　　　　　仕入　　　　　　　買掛金
　から差し引くことにした。

(4) 神戸商店から商品 *¥100,000* を掛けで仕入れた。なお，引取運賃 *¥3,000* は
　　　　　　　　　　　　　　　買掛金　　仕入　　　　　　　　　　　仕入
　現金で支払った。

(5) 神戸商店から仕入れた商品について *¥6,000* の値引きをうけ，この代金は買
　　　　　　　　　　　　　　　　　　　　　　　仕入
　掛金から差し引くことにした。
　買掛金

STEP 1 | **基本問題** 実力をアップしよう　　　　　　　　　　（解答⇨*p.5*）

次の取引の仕訳を示しなさい。ただし，商品に関する勘定は3分法によること。

(1) 香川商店から商品 *¥70,000* を仕入れ，代金は現金で支払った。
　　（借）　　　　　　　　　　　　　　　（貸）

(2) 高知商店から商品 *¥80,000* を仕入れ，代金は掛けとした。
　　（借）　　　　　　　　　　　　　　　（貸）

(3) 高知商店から仕入れた上記商品のうち，*¥8,000* 分は品質不良のため返品した。
　　なお，この代金は買掛金から差し引くことにした。
　　（借）　　　　　　　　　　　　　　　（貸）

(4) 徳島商店から商品 *¥500,000* を仕入れ，代金は掛けとした。なお，引取運賃
　　¥10,000 は現金で支払った。
　　（借）　　　　　　　　　　　　　　　（貸）

(5) 徳島商店から仕入れた上記商品について *¥15,000* の値引きを受け，この代金は
　　買掛金から差し引くことにした。
　　（借）　　　　　　　　　　　　　　　（貸）

覚えよう

✥　商品を仕入れたときは，仕入高を仕入勘定の借方に記入する。
✥　仕入返品高・仕入値引高は，仕入勘定の貸方に記入する。

(1)　（借）仕　　　　　入　*50,000*　　　　（貸）当 座 預 金　*50,000*

(2)　（借）仕　　　　　入　*200,000*　　　　（貸）買　　掛　　金　*200,000*

(3)　（借）買　　掛　　金　*5,000*　　　　（貸）仕　　　　　入　*5,000*

(4)　（借）仕　　　　　入　*103,000*※　　　　（貸）買　　掛　　金　*100,000*
　　　　　　　　　　　　　　　　　　　　　　　現　　　　　金　*3,000*

　　　※　引取運賃や運送保険料などの仕入諸掛りは，仕入高にふくめて仕入勘定の借方に記入する。

(5)　（借）買　　掛　　金　*6,000*　　　　（貸）仕　　　　　入　*6,000*

STEP 2　発展問題　チャレンジしよう　（解答⇨*p.5*）

次の取引の仕訳を示しなさい。ただし，商品に関する勘定は 3 分法によること。

(1)　島根商店から次の商品を仕入れ，代金は掛けとした。　（全商92回）

　　　　A品　　500個　　@¥*350*　　¥*175,000*
　　　　B品　　700〃　　〃〃*340*　　¥*238,000*

　　（借）　　　　　　　　　　　　（貸）

(2)　島根商店から仕入れた商品の一部を返品し，この代金は買掛金から差し引くことにした。　（全商92回）

　　　　A品　　20個　　@¥*350*　　¥*7,000*

　　（借）　　　　　　　　　　　　（貸）

(3)　群馬商店から，次の納品書のとおり商品を仕入れ，代金は掛けとした。

　　　（全商32回一部修正）

納　品　書			No. 32
埼 玉 商 店 殿			令和○年 1 月 6 日
			群 馬 商 店 ㊞
下記のとおり送付しましたから，ご査収下さい。			
品　　名	数　量	単　価	金　　額
A　　名	300	750	225,000
計			225,000

　　（借）　　　　　　　　　　　　（貸）

商品を売り上げたときの記帳

BASIS 　**基本例題**　完全にマスターしよう

次の取引の仕訳を示しなさい。ただし，商品に関する勘定は 3 分法によること。

(1) 商品を ¥15,000 で売り渡し，代金は現金で受け取った。
　　　　　　　　　　　　売上　　　　　　　　　　現金

(2) 別府商店に商品を ¥120,000 で掛けで売り渡した。
　　　　　　　　　　　　　　　売掛金　　売上

(3) 別府商店に売り渡した商品のうち，品質不良のため ¥10,000 分の返品があ
　　　　　　　　　　　　　　　　　　　　　　　　　　　　　　　　　売上
　った。なお，この代金は売掛金から差し引くことにした。
　　　　　　　　　　　売掛金

(4) 大分商店に商品を ¥160,000 で掛けで売り渡した。なお，発送費 ¥2,500 は
　　　　　　　　　　　　　売掛金　売上　　　　　　　　　発送費
　現金で支払った。
　現金

(5) 大分商店に売り渡した商品について ¥4,000 の値引きを承諾し，この代金
　　　　　　　　　　　　　　　　　　　　売上
　は売掛金から差し引くことにした。
　　売掛金

STEP 1 　**基本問題**　実力をアップしよう　　　　　　　　（解答⇨**p.5**）

次の取引の仕訳を示しなさい。ただし，商品に関する勘定は 3 分法によること。

(1) 大阪商店に商品を ¥25,000 で売り渡し，代金は掛けとした。
　　（借）　　　　　　　　　　　　　　（貸）

(2) 兵庫商店に商品を ¥150,000 で売り渡し，代金は掛けとした。
　　（借）　　　　　　　　　　　　　　（貸）

(3) 兵庫商店に売り渡した上記商品のうち，¥7,000 分は品違いのため返品された。
　　なお，この代金は売掛金から差し引くことにした。
　　（借）　　　　　　　　　　　　　　（貸）

(4) 岡山商店に商品を ¥140,000 で売り渡し，代金は掛けとした。なお，発送費
　　¥2,000 は現金で支払った。
　　（借）　　　　　　　　　　　　　　（貸）

(5) 岡山商店に売り渡した上記商品の一部に汚損があったため，¥5,000 の値引きを
　　承諾した。なお，この代金は売掛金から差し引くことにした。
　　（借）　　　　　　　　　　　　　　（貸）

覚えよう

❖　商品を売り渡したときは，売上高を売上勘定の貸方に記入する。

❖　売上返品高・売上値引高は，売上勘定の借方に記入する。

		売	上	
	売上返品高			
	売上値引高		売 上 高	

---

(1) （借）現　　　　金　*15,000*　　（貸）売　　　　上　*15,000*

(2) （借）売　掛　金　*120,000*　　（貸）売　　　　上　*120,000*

(3) （借）売　　　　上　*10,000*　　（貸）売　掛　金　*10,000*

(4) （借）売　掛　金　*160,000*※　（貸）売　　　　上　*160,000*
　　　　 発　送　費　*2,500*　　　　　　　現　　　　金　*2,500*

　　※　荷造費・発送運賃などの売上諸掛りは，発送費勘定(費用の勘定)の借方に記入する。

(5) （借）売　　　　上　*4,000*　　（貸）売　掛　金　*4,000*

STEP 2 　発展問題　チャレンジしよう　　　　　　　（解答⇨*p.5*）

次の取引の仕訳を示しなさい。ただし，商品に関する勘定は３分法によること。

(1) 秋田商店に次の商品を売り渡し，代金は掛けとした。　　　　　　（全商86回）

　　　　A品　320個　@*¥500*　　*¥160,000*

　　（借）　　　　　　　　　　　　　　（貸）

(2) 秋田商店に売り渡した上記商品の一部に品違いがあったので，次のとおり返品された。なお，この代金は売掛金から差し引くことにした。　　　　（全商86回）

　　　　A品　10個　@*¥500*　　*¥5,000*

　　（借）　　　　　　　　　　　　　　（貸）

(3) 大阪商店に次の商品を売り渡し，代金は掛けとした。　　　　　　（全商88回）

　　　　A品　210個　@*¥400*　　*¥ 84,000*
　　　　B品　320〃　〃*¥600*　　*¥192,000*

　　（借）　　　　　　　　　　　　　　（貸）

(4) 大阪商店に売り渡した上記商品の一部について，次のとおり値引きをおこなった。なお，この代金は売掛金から差し引くことにした。　　　　（全商88回）

　　　　A品　50個　@*¥60*　　*¥3,000*

　　（借）　　　　　　　　　　　　　　（貸）

売掛金や買掛金の記帳

次の取引の仕訳を示しなさい。ただし，商品に関する勘定は3分法によること。

(1) 金沢商店に商品を*¥250,000* で売り渡し，代金のうち*¥100,000* は現金で
　　　　　　　　　　　　　　　　　売上　　　　　　　　　　　　　　　　　　　現金
受け取り，残額は掛けとした。
　　　　　　売掛金

(2) 金沢商店から売掛金の一部*¥120,000* を同店振り出しの小切手で受け取り，
　　　　　　　　　売掛金
ただちに当座預金に預け入れた。
　　　当座預金

(3) 富山商店から商品を*¥200,000* で掛けで仕入れた。
　　　　　　　　　　　　　　　　　　　買掛金　仕入

(4) 富山商店から仕入れた上記商品のうち，*¥20,000* 分は品違いのため返品し
　　　　　　　　　　　　　　　　　　　　　　　　　　　　　　　　　　仕入
た。なお，この代金は買掛金から差し引くことにした。
　　　　　　　　　買掛金

(5) 富山商店に対する買掛金*¥180,000* を現金で支払った。
　　　　　　　　　買掛金　　　　　　　現金

次の取引の仕訳を示しなさい。ただし，商品に関する勘定は3分法によること。

(1) 山梨商店に商品を*¥350,000* で売り渡し，代金のうち*¥100,000* は同店振り出
しの小切手で受け取り，残額は掛けとした。
（借）　　　　　　　　　　　　　（貸）

(2) 長野商店から商品を*¥240,000* で仕入れ，代金のうち*¥120,000* は小切手を振
り出して支払い，残額は掛けとした。
（借）　　　　　　　　　　　　　（貸）

(3) 長野商店から仕入れた上記商品のうち*¥5,000* 分を返品し，この代金は買掛金か
ら差し引くことにした。
（借）　　　　　　　　　　　　　（貸）

(4) 長野商店に対する買掛金のうち，*¥100,000* を小切手を振り出して支払った。
（借）　　　　　　　　　　　　　（貸）

覚えよう

✤ 商品を掛け売りしたときは，売掛金勘定の借方に記入する。
✤ 売掛金を回収したときは，売掛金勘定の貸方に記入する。
✤ 商品を掛けで仕入れたときは，買掛金勘定の貸方に記入する。
✤ 買掛金を支払ったときは，買掛金勘定の借方に記入する。

売　掛　金	
掛　売　高	回　収　高
	返品高・値引高

買　掛　金	
支　払　高	掛　買　高
返品高・値引高	

(1) （借）現　　　　　金　100,000　　（貸）売　　　　上　250,000

　　　　　売　掛　金　150,000

(2) （借）当　座　預　金　120,000　　（貸）売　　掛　　金　120,000

(3) （借）仕　　　　　入　200,000　　（貸）買　　掛　　金　200,000

(4) （借）買　　掛　　金　20,000　　（貸）仕　　　　入　20,000

(5) （借）買　　掛　　金　180,000　　（貸）現　　　　金　180,000

STEP 2　発展問題　チャレンジしよう　　　　　　　　　（解答⇨p.6）

次の取引の仕訳を示しなさい。ただし，商品に関する勘定は３分法によること。

(1) 京都商店に次の商品を売り渡し，代金は掛けとした。　　　　　（全商91回）

　　　A品　900個　　@¥380　　¥342,000

　　　B品　500〃　　〃〃460　　¥230,000

（借）　　　　　　　　　　　　　（貸）

(2) 京都商店から売掛金の一部¥374,000を同店振り出しの小切手＃４で受け取った。

　　　　　　　　　　　　　　　　　　　　　　　　　　　　　（全商91回）

（借）　　　　　　　　　　　　　（貸）

(3) 岡山商店から売掛金の一部を次の小切手で受け取った。　（全商92回一部修正）

（借）　　　　　　　　　　　　　　　　　　　　（貸）

11 受取手形や支払手形の記帳（その1）

BASIS ▶ 基本例題 完全にマスターしよう

次の取引の仕訳を示しなさい。ただし，商品に関する勘定は3分法によること。

(1) 栃木商店に商品を *¥600,000* で売り渡し，代金は同店振り出し，当店あての
_{売上}
約束手形を受け取った。
_{受取手形}

(2) 栃木商店から受け取っていた約束手形 *¥600,000* が支払期日となり，当座預
_{受取手形} _{当座預金}
金口座に入金されたむね，取引銀行から通知を受けた。

(3) 群馬商店に対する売掛金 *¥300,000* の回収として，同店振り出し，当店あ
_{売掛金}
ての約束手形を受け取った。
_{約束手形}

(4) 群馬商店から受け取っていた約束手形 *¥300,000* を取引銀行で割り引き，
_{受取手形}
割引料を差し引かれた手取金 *¥297,000* は当座預金とした。
_{手形売却損} _{当座預金}

STEP 1 ▶ 基本問題 実力をアップしよう （解答⇨*p.6*）

次の取引の仕訳を示しなさい。ただし，商品に関する勘定は3分法によること。

(1) 佐賀商店は，大分商店に商品を *¥170,000* で売り渡し，代金は同店振り出しの
約束手形で受け取った。

（借）　　　　　　　　　　　　　　（貸）

(2) 佐賀商店は，上記の約束手形 *¥170,000* が支払期日となり，当店の当座預金口
座に入金されたとの通知を取引銀行から受けた。

（借）　　　　　　　　　　　　　　（貸）

(3) 長崎商店に対する売掛金 *¥200,000* の回収として，同店振り出しの約束手形を
受け取った。

（借）　　　　　　　　　　　　　　（貸）

(4) 長崎商店から受け取っていた約束手形 *¥200,000* を取引銀行で割り引き，割
引料を差し引かれた手取金 *¥198,000* は当座預金とした。

（借）　　　　　　　　　　　　　　（貸）

覚えよう

✤ 手形を受け取ったときは，受取手形勘定の借方に記入する。

✤ 手形金額を入金したときは，受取手形勘定の貸方に記入する。

✤ 手形を裏書譲渡・割引をしたときは，受取手形勘定の貸方に記入する。

(1) （借）受 取 手 形 600,000　（貸）売　　　　上 600,000

(2) （借）当 座 預 金 600,000　（貸）受 取 手 形 600,000

(3) （借）受 取 手 形 300,000　（貸）売　掛　金 300,000

(4) （借）当 座 預 金 297,000　（貸）受 取 手 形 300,000
　　　手 形 売 却 損 3,000

STEP 2 　**発展問題** チャレンジしよう　　　　（解答⇨**p.6**）

次の取引の仕訳を示しなさい。ただし，商品に関する勘定は3分法によること。

(1) 大分商店から売掛金の一部を次の約束手形#18で受け取った。（全商90回一部修正）

（借）　　　　　　　　　　　　（貸）

(2) 岐阜商店から，商品代金として受け取っていた同店振り出しの約束手形￥250,000 を取引銀行で割り引き，割引料を差し引かれた手取金￥249,000 は当座預金とした。

（全商87回）

（借）　　　　　　　　　　　　（貸）

受取手形や支払手形の記帳（その２）

BASIS ｜ **基本例題** 完全にマスターしよう

次の取引の仕訳を示しなさい。ただし，商品に関する勘定は３分法によること。

(1) 福島商店に対する買掛金 ₩100,000 の支払いとして，さきに得意先仙台商
　　_{買掛金}
　　店から受け取っていた約束手形 ₩100,000 を裏書譲渡した。
　　　　　_{受取手形}

(2) 埼玉商店から商品 ₩400,000 を仕入れ，代金は同店あての約束手形を振り
　　　　　　　　　　　　_{仕入}　　　　　　　　　　　　　　_{支払手形}
　　出して支払った。

(3) 埼玉商店あてに振り出した約束手形 ₩400,000 が満期となり，当店の当座預
　　　　　　_{支払手形}　　　　　　　　　　　　　　　　　_{当座預金}
　　金から支払ったむね，取引銀行から通知を受けた。

(4) 茨城商店に対する買掛金のうち ₩100,000 について，同店あての約束手形
　　　　　　　　　　　　　　　　　　　　　　　　　_{支払手形}
　　₩100,000を振り出して支払った。

STEP 1 ｜ **基本問題** 実力をアップしよう　　　　　　　　　（解答⇨*p.6*）

次の取引の仕訳を示しなさい。ただし，商品に関する勘定は３分法によること。

(1) 鹿児島商店は，沖縄商店から商品 ₩250,000 を仕入れ，代金はさきに佐賀商店
　　から受け取っていた同店振り出しの約束手形 ₩250,000 を裏書譲渡した。
　　（借）　　　　　　　　　　　　　（貸）

(2) 大分商店は，宮崎商店から商品 ₩220,000 を仕入れ，代金は同店あての約束手形
　　₩220,000 を振り出して支払った。
　　（借）　　　　　　　　　　　　　（貸）

(3) 大分商店は，上記の約束手形 ₩220,000 が支払期日となり，当店の当座預金口
　　座から支払ったとの通知を取引銀行から受けた。
　　（借）　　　　　　　　　　　　　（貸）

(4) 熊本商店に対する買掛金の一部 ₩150,000 を約束手形を振り出して支払った。
　　（借）　　　　　　　　　　　　　（貸）

(1)　（借）買　　掛　　金　*100,000*　　　（貸）受　取　手　形　*100,000*

(2)　（借）仕　　　　　入　*400,000*　　　（貸）支　払　手　形　*400,000*

(3)　（借）支　払　手　形　*400,000*　　　（貸）当　座　預　金　*400,000*

(4)　（借）買　　掛　　金　*100,000*　　　（貸）支　払　手　形　*100,000*

STEP 2　　**発展問題　チャレンジしよう**　　　　　　　（解答⇨*p.6*）

次の取引の仕訳を示しなさい。ただし，商品に関する勘定は3分法によること。

(1)　三重商店から売掛金の一部を次の約束手形#16で受け取った。（全商88回一部修正）

（借）　　　　　　　　　　　　　　　（貸）

(2)　岩手商店に対する買掛金の支払いとして，さきに得意先盛岡商店から受け取っていた約束手形*¥380,000* を裏書譲渡した。　　　　　　　　　　（全商92回）

（借）　　　　　　　　　　　　　　　（貸）

(3)　滋賀商店に対する買掛金のうち*¥300,000* について，同店あての約束手形#3を振り出して支払った。　　　　　　　　　　　　　　　　　（全商85回）

（借）　　　　　　　　　　　　　　　（貸）

13 受取手形記入帳への記帳

BASIS | **基本例題** 完全にマスターしよう

次の取引を受取手形記入帳に記入しなさい。

取　引

1月10日　神田商店に商品 ₩280,000 を売り渡し，代金は次の約束手形で受け取った。

手形番号→No. 56
収入印紙

約　束　手　形　No. ＡＡ 01654

東京都中央区 日本橋2丁目3番地4号
東京商店　東京　一郎 殿

₩280,000 ※

上記金額をあなたまたはあなたの指図人へこの約束手形と引替えにお支払いいたします

振出日 → 令和○年1月10日
振出地住所　東京都千代田区神田神保町1丁目2番地3号
振出人　神田商店　神田　二　郎 ㊞

支払期日　令和○年3月10日
支払地　東京都千代田区
支払場所　株式会社 全商銀行本店

全国 5001
0004-001

満期日

支払場所

支払人・振出人

18日　神田商店から10日に受け取った約束手形 ₩280,000 を取引銀行で割り引き，割引料 ₩3,000 を差し引かれた手取金は，当座預金とした。

解　答

受 取 手 形 記 入 帳

てん末欄には，割引・裏書・取立などを記入する。
18日の取引を記入

令和○年		摘　要	金　額	手形種類	手形番号	支払人	振出人または裏書人	振出日		満期日		支払場所	てん末		
								月	日	月	日		月	日	摘要
1	10	売　上	280,000	約手	56	神田商店	神田商店	1	10	3	10	全商銀行本店	1	18	割引

STEP 1 | **基本問題** 実力をアップしよう　　　（解答⇨*p.6*）

神戸商店の1月中の下記の取引から，受取手形記入帳に記入しなさい。

取　引

1月8日　米原商店に商品 ₩300,000 を売り渡し，代金として同店振り出しの約束手形 #5（振出日　1月8日，支払期日　3月8日，支払場所　全商銀行関西支店）₩300,000 を受け取った。

28日　米原商店から，商品代金として受け取っていた同店振り出しの約束手形 #5 ₩300,000 を取引銀行で割り引き，割引料 ₩3,000 を差し引かれた手取金は当座預金とした。

解答欄

受 取 手 形 記 入 帳

令和○年		摘　要	金　額	手形種類	手形番号	支払人	振出人または裏書人	振出日		満期日		支払場所	てん末		
								月	日	月	日		月	日	摘要

14 支払手形記入帳への記帳

BASIS **基本例題** 完全にマスターしよう

大阪商店の下記の取引から，支払手形記入帳に記入しなさい。

取　引

1月20日　京都商店に対する買掛金の一部を，下記の約束手形＃15を振り出して支払った。

3月20日　京都商店あてに振り出していた約束手形＃15 ¥250,000 が支払期日となり，当店の当座預金口座から支払ったとの通知を取引銀行から受けた。

解　答

支 払 手 形 記 入 帳　　　　　　3/20の取引を記入

令和 ○年		摘　要	金　額	手形 種類	手形 番号	受 取 人	振 出 人	振出日		満期日		支払場所	てん末		
								月	日	月	日		月	日	摘　要
1	20	買掛金	250,000	約手	15	京都商店	当　　店	1	20	3	20	北部銀行本店	3	20	支払い

STEP 1 **基本問題** 実力をアップしよう　　　　（解答⇨*p.6*）

次の取引を支払手形記入帳に記入しなさい。

取　引

1月30日　秋田商店から商品 ¥320,000 を仕入れ，代金は約束手形＃21（支払期日：4月30日，支払場所：第三銀行）を振り出して支払った。

4月30日　秋田商店あてに振り出していた約束手形＃21が支払期日となり，当店の当座預金口座から支払ったとの通知を取引銀行から受けた。

解答欄

支 払 手 形 記 入 帳

令和 ○年		摘　要	金　額	手形 種類	手形 番号	受 取 人	振 出 人	振出日		満期日		支払場所	てん末		
								月	日	月	日		月	日	摘　要

	約束手形
振り出し	（貸）支払手形
受け取り	（借）受取手形
裏書譲渡	（貸）受取手形
割り引き	（貸）受取手形

STEP 2　　**発展問題　チャレンジしよう**　　　　　　（解答⇨**p.7**）

　　次の一連の仕訳を示し，受取手形勘定と支払手形勘定に転記するとともに，その明
細を受取手形記入帳と支払手形記入帳に記入しなさい。ただし，商品に関する勘定は
3分法によること。

取　引

9月2日　金沢商店に商品を￥200,000で売り渡し，代金は次の約束手形＃10で受
　　　　　け取った。

14日　長野商店に対する売掛金の一部の回収として，飯山商店振り出し，長野商
　　　店あての約束手形＃12（振出日：9月5日，支払期日：10月5日，支払場所：
　　　北信銀行）￥340,000 を受け取った。

21日　金沢商店から，商品代金として受け取っていた同店振り出しの約束手形＃10
　　　￥200,000 を取引銀行で割り引き，割引料を差し引かれた手取金￥196,000
　　　は当座預金とした。

28日　大町商店に対する買掛金の一部を約束手形＃21￥140,000（支払期日：10
　　　月28日，支払場所：上越銀行）を振り出して支払った。

30日　買掛金の支払いのために松本商店あてに振り出していた約束手形＃20
　　　￥150,000 が支払期日となり，当座預金口座から支払われたむね，取引銀行
　　　から通知を受けた。

❖ 支払期日前に，受取手形を金融機関などに裏書譲渡することがある。これを「手形の割引」といい，手形の割引によって手形債権は消滅するので，受取手形勘定の貸方に記入し，差し引かれた割引料は手形売却損勘定の借方に記入する。

解答欄

	借方	貸方
9/2		
14		
21		
28		
30		

受　取　手　形　　　　　　　　　　　　　　　4

380,000		*180,000*

支　払　手　形　　　　　　　　　　　　　　12

250,000		*400,000*

受 取 手 形 記 入 帳　　　　　　　　1

令和○年		摘要	金額	手形種類	手形番号	支払人	振出人または裏書人	振出日		満期日		支払場所	てん末		
								月	日	月	日		月	日	摘要

支 払 手 形 記 入 帳　　　　　　　　1

令和○年		摘　要	金　額	手形種類	手形番号	受取人	振　出　人	振出日		満期日		支払場所	てん末		
								月	日	月	日		月	日	摘要
8	30	買掛金	*150,000*	約手	20	松本商店	当　　店	8	30	9	30	石川銀行			

15 仕入帳と買掛金元帳への記帳

BASIS | **基本例題** 完全にマスターしよう

東京商店の下記の取引について,

(1) 仕入帳に記入して締め切りなさい。

(2) 総勘定元帳の買掛金勘定に記入しなさい。

(3) 買掛金元帳に記入して,締め切りなさい。

ただし, i 商品に関する勘定は3分法によること。

ⅱ 仕丁欄には記入しないでよい。

取 引

1月5日 新宿商店から次の商品を仕入れ,代金は約束手形 *¥300,000* を振り
出して支払った。

A品 500個 @*¥600* *¥300,000*

12日 目白商店から次の商品を仕入れ,代金のうち *¥150,000* は小切手を
振り出して支払い,残額は掛けとした。

A品 300個 @*¥500* *¥150,000*

B品 600〃 〃〃400 *¥240,000*

13日 目白商店から仕入れた上記商品の一部に品質不良のものがあったの
で,次のとおり返品した。なお,この代金は買掛金から差し引くこと
にした。

B品 10個 @*¥400* *¥ 4,000*

28日 池袋商店に対する買掛金の一部 *¥170,000* について,小切手を振り
出して支払った。

覚えよう

- ✤ 仕入帳は,仕入取引の明細を記入する補助簿である。
- ✤ 買掛金元帳は,仕入先別の買掛金の明細を記録する補助元帳である。
- ✤ 買掛金元帳のすべての人名勘定の借方合計・貸方合計・残高合計は,買掛金勘
  定の借方合計・貸方合計・残高とそれぞれ一致する。

仕 入 帳　　　　　1

令和○年		摘　　　　　　要	内　　訳	金　　額
1	5	新 宿 商 店　　　　　　約手		
		A　品　　500個　　@¥600		300,000
	12	目 白 商 店　　　小切手・掛け		
		A　品　　300個　　@¥500	150,000	
		B　品　　600〃　　〃〃400	240,000	390,000
	13	目 白 商 店　　　　　掛け返品		
		B　品　　10個　　@¥400		4,000
	31	総 仕 入 高		690,000
		仕 入 返 品 高		4,000
	〃	締切線2本　　　　純 仕 入 高		686,000

計算線1本／締切線2本（内訳欄注記）

仕入返品高・値引高は赤記する。

総 勘 定 元 帳

支払高，返品高・値引高を記入

掛買高を記入

買 掛 金　　　8

令和○年		摘　要	仕丁	借　　方	令和○年		摘　　要	仕丁	貸　　方
1	13	仕　　　入		4,000	1	1	前 期 繰 越	✓	390,000
	28	当 座 預 金		170,000		12	仕　　　入		240,000

買 掛 金 元 帳

目 白 商 店　　　1

令和○年		摘　　　　要	借　　方	貸　　方	借または貸	残　　高
1	1	前 月 繰 越		200,000	貸	200,000
	12	仕 入 れ		240,000	〃	440,000
	13	返　　品	4,000		〃	436,000
	31	次 月 繰 越	436,000			
			440,000	440,000		

池 袋 商 店　　　2

令和○年		摘　　　　要	借　　方	貸　　方	借または貸	残　　高
1	1	前 月 繰 越		190,000	貸	190,000
	28	支 払 い	170,000		〃	20,000
	31	次 月 繰 越	20,000			
			190,000	190,000		

神戸商店の下記の取引について，

(1) 仕入帳に記入して締め切りなさい。

(2) 総勘定元帳の買掛金勘定に記入しなさい。

(3) 買掛金元帳に記入して，締め切りなさい。

　　ただし， ⅰ　商品に関する勘定は3分法によること。

　　　　　　 ⅱ　仕丁欄には記入しないでよい。

取　引

1月7日　岡山商店から次の商品を仕入れ，代金は掛けとした。

　　　　　A品　200個　@¥650　¥130,000

　　　　　B品　300〃　〃〃800　¥240,000

　8日　岡山商店から仕入れた上記商品の一部について，次のとおり値引きを受けた。なお，この代金は買掛金から差し引くことにした。

　　　　　B品　300個　@¥ 40　¥ 12,000

13日　山口商店から次の商品を仕入れ，代金については約束手形¥125,000 を振り出して支払った。

　　　　　C品　250個　@¥500　¥125,000

20日　広島商店に対する買掛金の一部¥300,000 を小切手を振り出して支払った。

❖ 仕入値引き・返品高は，仕入勘定の貸方に記入する。また，仕入値引き・返品高を買掛金から差し引く場合には，買掛金勘定の借方と，買掛金元帳の該当する人名勘定の借方に記入する。なお，仕入帳には赤記する。

解答欄

仕　入　帳

令和○年	摘　　　　　要	内　　訳	金　　額

総　勘　定　元　帳
買　掛　金　　　　　　　　　　　　　14

令和○年	摘　要	仕丁	借　方	令和○年	摘　要	仕丁	貸　方
				1	1	前　期　繰　越	✓	500,000

買　掛　金　元　帳
広　島　商　店　　　　　　　　　　1

令和○年	摘　　　　要	借　方	貸　方	借また は貸	残　　高
1	1	前　月　繰　越		320,000	貸	320,000

岡　山　商　店　　　　　　　　　　2

令和○年	摘　　　　要	借　方	貸　方	借また は貸	残　　高
1	1	前　月　繰　越		180,000	貸	180,000

熊本商店の下記の取引について,

(1)　仕入帳に記入して締め切りなさい。　　　　　　　　　　（全商87回一部修正）

(2)　総勘定元帳の買掛金勘定に記入しなさい。

(3)　買掛金元帳(佐賀商店)に記入して，締め切りなさい。

　ただし，ⅰ　商品に関する勘定は3分法によること。

　　　　　　ⅱ　仕丁欄には記入しないでよい。

取　引

1月8日　佐賀商店から次の商品を仕入れ，代金は掛けとした。

　　　　A品　600個　@¥700　¥420,000

　9日　佐賀商店から仕入れた上記商品の一部に品質不良のものがあったので，次
　　　　のとおり返品した。なお，この代金は買掛金から差し引くことにした。

　　　　A品　10個　@¥700　¥7,000

21日　福岡商店に対する買掛金の一部について，次の小切手#9を振り出して支
　　　　払った。

28日　福岡商店から次の商品を仕入れ，代金のうち¥45,000は現金で支払い，
　　　　残額は掛けとした。

　　　　B品　700個　@¥350　¥245,000

　　　　C品　100〃　〃〃500　¥50,000

解答欄

仕　入　帳　　　　　　　　　　1

令和 〇年	摘　　　　　要	内　　訳	金　　額

総　勘　定　元　帳
買　　掛　　金　　　　　　　　　14

令和 〇年	摘　要	仕丁	借　方	令和 〇年	摘　　要	仕丁	貸　方
				1	1	前　期　繰　越	✓	450,000

買　掛　金　元　帳
佐　賀　商　店　　　　　　　　　1

令和 〇年	摘　　　　　　要	借　　方	貸　　方	借また は貸	残　　高
1	1	前　月　繰　越		100,000	貸	100,000

16 売上帳と売掛金元帳への記帳

青森商店の下記の取引について，

(1) 売上帳に記入して締め切りなさい。

(2) 総勘定元帳の売掛金勘定に記入しなさい。

(3) 売掛金元帳に記入して，締め切りなさい。

　　ただし，ⅰ　商品に関する勘定は3分法によること。

　　　　　　ⅱ　仕丁欄には記入しないでよい。

取　引

1月7日　岩手商店に次に商品を売り渡し，代金は掛けとした。

　　　　　　A品　300個　@¥400　¥120,000

　　　　　　B品　400〃　〃〃500　¥200,000

　　10日　岩手商店に売り渡した上記商品の一部について，次のとおり返品された。なお，この代金は売掛金から差し引くことにした。

　　　　　　B品　20個　@¥500　¥ 10,000

　　15日　秋田商店から売掛金の一部¥180,000を現金で受け取った。

　　23日　秋田商店に次の商品を売り渡し，代金のうち¥100,000は同店振り出しの約束手形で受け取り，残額は掛けとした。

　　　　　　A品　500個　@¥450　¥225,000

覚えよう

✛　売上帳は，売上取引の明細を記入する補助簿である。

✛　売掛金元帳は，得意先別の売掛金の明細を記録する補助元帳である。

✛　売掛金元帳のすべての人名勘定の借方合計・貸方合計・残高合計は，売掛金勘定の借方合計・貸方合計・残高とそれぞれ一致する。

解　答

売　　　上　　　帳　　　　　　　1

令和○年		摘　　　　　　　要		内　　訳	金　　額
1	7	岩　手　商　店　　　　　　　　掛け			
		A　品　　300個　　@*￥*400		*120,000*	
		B　品　　400〃　　〃〃500		*200,000*	*320,000*
	10	岩　手　商　店　　　　　　掛け返品			
		B　品　　20個　　@*￥*500			*10,000*
	23	秋　田　商　店　　　　　約手・掛け			
		A　品　　500個　　@*￥*450			*225,000*
	31	総　売　上　高			*545,000*
	〃	売　上　返　品　高			*10,000*
		純　売　上　高			*535,000*

締切線2本　（左下）
計算線1本　締切線2本　（金額欄）
売上返品高・値引高は赤記する。（右側縦書き注記）

総　勘　定　元　帳
売　　掛　　金　　　　　　　3

掛売高を記入↑　　回収高，返品高・値引高を記入↓

令和○年		摘　　要	仕丁	借　　方	令和○年		摘　　要	仕丁	貸　　方
1	1	前　月　繰　越	✓	*300,000*	1	10	売　　　上		*10,000*
	7	売　　　　上		*320,000*		15	現　　　金		*180,000*
	23	売　　　　上		*125,000*					

売　掛　金　元　帳
岩　手　商　店　　　　　　1

令和○年		摘　　　　要	借　　方	貸　　方	借または貸	残　　高
1	7	売　り　上　げ	*320,000*		借	*320,000*
	10	返　　　　品		*10,000*	〃	*310,000*
	31	次　月　繰　越		*310,000*		
			320,000	*320,000*		

秋　田　商　店　　　　　　2

令和○年		摘　　　　要	借　　方	貸　　方	借または貸	残　　高
1	1	前　月　繰　越	*300,000*		借	*300,000*
	15	入　　　　金		*180,000*	〃	*120,000*
	23	売　り　上　げ	*125,000*		〃	*245,000*
	31	次　月　繰　越		*245,000*		
			425,000	*425,000*		

STEP 1 基本問題 実力をアップしよう （解答⇨*p.8*）

九州商店の下記の取引について，

(1) 売上帳に記入して締め切りなさい。

(2) 総勘定元帳の売掛金勘定に記入しなさい。

(3) 売掛金元帳に記入して，締め切りなさい。

ただし， i 商品に関する勘定は3分法によること。

　　　　 ii 仕丁欄には記入しないでよい。

取　引

1月9日　福岡商店に次の商品を売り渡し，代金のうち*¥230,000* は同店振り出しの約束手形で受け取り，残額は掛けとした。

　　　　　　A品　300個　@*¥700*　*¥210,000*

　　　　　　B品　200〃　〃*¥800*　*¥160,000*

　　10日　福岡商店に売り渡した上記商品の一部に品違いがあったため，次のとおり返品された。なお，この代金は売掛金から差し引くことにした。

　　　　　　A品　　20個　@*¥700*　*¥ 14,000*

　　20日　佐賀商店から売掛金の一部*¥150,000* を同店振り出しの小切手で受け取った。

　　23日　佐賀商店に次の商品を売り渡し，代金は掛けとした。

　　　　　　B品　150個　@*¥800*　*¥120,000*

❖ 売上値引き・返品高は，売上勘定の借方に記入する。また，売上値引き・返品高を売掛金から差し引く場合には，売掛金勘定の貸方と，売掛金元帳の該当する人名勘定の貸方に記入する。なお，売上帳には赤記する。

売　上　帳　　　　　　　　　　　　　1

令和○年	摘　　　　　　要	内　　訳	金　　額

総　勘　定　元　帳
売　　掛　　金　　　　　　　　　　　　3

令和○年	摘　　要	仕丁	借　　方	令和○年	摘　　要	仕丁	貸　　方
1 1	前 期 繰 越	✓	260,000				

売　掛　金　元　帳
福　岡　商　店　　　　　　　　　　　　1

令和○年	摘　　　　要	借　　方	貸　　方	借または貸	残　　高
1 1	前 月 繰 越	90,000		借	90,000

佐　賀　商　店　　　　　　　　　　　　2

令和○年	摘　　　　要	借　　方	貸　　方	借または貸	残　　高
1 1	前 月 繰 越	170,000		借	170,000

山形商店の下記の取引について，

(1)　売上帳に記入して締め切りなさい。　　　　　　　　　（全商86回一部修正）

(2)　総勘定元帳の売掛金勘定に記入しなさい。

(3)　売掛金元帳に記入して，締め切りなさい。

　ただし，　i　商品に関する勘定は3分法によること。

　　　　　　ⅱ　仕丁欄には記入しないでよい。

取　引

1月10日　秋田商店に次の商品を売り渡し，代金は掛けとした。

　　　　　A品　320個　@¥500　¥160,000

　12日　秋田商店に売り渡した上記商品の一部に品違いがあったので，次のとおり
　　　　返品された。なお，この代金は売掛金から差し引くことにした。

　　　　　A品　10個　@¥500　¥　5,000

　17日　福島商店に次の商品を売り渡し，代金の一部については，下記の約束手形
　　　　#16で受け取り，残額は掛けとした。

　　　　　A品　380個　@¥500　¥190,000

　　　　　B品　200〃　〃〃400　¥　80,000

　29日　福島商店から売掛金の一部¥120,000を
　　　　同店振り出しの小切手#9で受け取った。

解答欄

売　　上　　帳

1

令和○年	摘　　　　要	内　訳	金　額

総　勘　定　元　帳
売　　掛　　金

4

令和○年	摘　要	仕丁	借　方	令和○年	摘　要	仕丁	貸　方
1	1	前 期 繰 越	✓	420,000				

売　掛　金　元　帳
秋　田　商　店

1

令和○年	摘　　　要	借　方	貸　方	借または貸	残　高
1	1	前 月 繰 越	230,000		借	230,000

福　島　商　店

2

1	1	前 月 繰 越	190,000		借	190,000

17 商品有高帳への記帳

次のA品の取引について，(1)先入先出法，(2)移動平均法によって商品有高帳に記入し，締め切りなさい。

取　引

1月1日　A品の前月繰越高は次のとおりである。

A品　30個　@¥400　¥12,000

10日　横浜商店から次の商品を仕入れ，代金は現金で支払った。

A品　90個　@¥420　¥37,800

20日　厚木商店に次の商品を売り渡し，代金は掛けとした。

A品　50個　@¥500　¥25,000

解　答

(1)

商　品　有　高　帳

(先入先出法)　品　名　　A　品　　　　　　　　　　　単位：個

令和○年		摘　要	受　入			引　渡			残　高		
			数量	単価	金　額	数量	単価	金　額	数量	単価	金　額
1	1	前月繰越	30	400	12,000				30	400	12,000
	10	横浜商店	90	420	37,800				30	400	12,000
									90	420	37,800
	20	厚木商店				30	400	12,000			
						20	420	8,400	70	420	29,400
	31	次月繰越				70	420	29,400			
			120		49,800	120		49,800			
2	1	前月繰越	70	420	29,400				70	420	29,400

──残高を赤記する。　　　　　　　　　　計算線1本　　締切線2本

(2)

商　品　有　高　帳

(移動平均法)　品　名　　A　品　　　　　　　　　　　単位：個

令和○年		摘　要	受　入			引　渡			残　高		
			数量	単価	金　額	数量	単価	金　額	数量	単価	金　額
1	1	前月繰越	30	400	12,000				30	400	12,000
	10	横浜商店	90	420	37,800				120	415	49,800
	20	厚木商店				50	415	20,750	70	415	29,050
	31	次月繰越				70	415	29,050			
			120		49,800	120		49,800			
2	1	前月繰越	70	415	29,050				70	415	29,050

$$\frac{¥12,000+¥37,800}{30+90}$$

$$=¥415$$

❖ 先入先出法は，先に受け入れた商品から先に払い出すものと仮定して，払出単価を決める方法である。

❖ 移動平均法は，仕入れのつど仕入前の残高金額と仕入金額をもとに平均単価を算出し，この平均単価をその後の払出単価とする方法である。

STEP 1 ▏▎▎ **基本問題** 実力をアップしよう （解答⇨*p.9*）

次のA品の取引について，(1)先入先出法，(2)移動平均法によって商品有高帳に記入し，締め切りなさい。

取　引

1月8日　静岡商店から次の商品を仕入れ，代金は小切手を振り出して支払った。

A品　120個　@¥255　¥30,600

22日　沼津商店に次の商品を売り渡し，代金は現金で受け取った。

A品　110個　@¥350　¥38,500

解答欄

(1)

商　品　有　高　帳

（先入先出法）　　　　　品　名　　　A　品　　　　　単位：個

令和○年		摘　要	受　　入			引　　渡			残　　高		
			数量	単価	金　額	数量	単価	金　額	数量	単価	金　額
1	1	前月繰越	80	*250*	*20,000*				80	*250*	*20,000*

(2)

商　品　有　高　帳

（移動平均法）　　　　　品　名　　　A　品　　　　　単位：個

令和○年		摘　要	受　　入			引　　渡			残　　高		
			数量	単価	金　額	数量	単価	金　額	数量	単価	金　額
1	1	前月繰越	80	*250*	*20,000*				80	*250*	*20,000*

総合演習問題2

1 九州商店の下記の取引について， (解答⇨*p.10*)
(1) 仕訳帳に記入して，総勘定元帳（略式）の買掛金勘定と仕入勘定に転記しなさい。
(2) 仕入帳・買掛金元帳（略式）・商品有高帳に記入して締め切りなさい。
　　ただし，ⅰ　商品に関する勘定は3分法によること。
　　　　　　ⅱ　仕訳帳における「諸口」の記入と小書きは省略する。
　　　　　　ⅲ　元丁欄には，買掛金勘定と仕入勘定に転記するときだけ記入すればよ
　　　　　　　　く，転記のさいには日付と金額を記入すればよい。
　　　　　　ⅳ　仕訳帳と総勘定元帳は締め切らなくてもよい。
　　　　　　ⅴ　商品有高帳は，A品について先入先出法によって記入すること。

<u>取　引</u>
1月8日　福岡商店から次の商品を仕入れ，代金のうち *¥360,000* は同店あての約
　　　　束手形を振り出して支払い，残額は掛けとした。
　　　　　　A品　400個　@*¥700*　*¥280,000*
　　　　　　B品　300〃　〃〃*600*　*¥180,000*
　　11日　福岡商店から仕入れた上記商品の一部に品質不良のものがあったので，次
　　　　　のとおり返品した。なお，この代金は買掛金から差し引くことにした。
　　　　　　B品　　20個　@*¥600*　*¥ 12,000*
　　14日　長崎商店に次の商品を売り渡し，代金は掛けとした。
　　　　　　A品　250個　@*¥900*　*¥225,000*
　　　　　　B品　200〃　〃〃*800*　*¥160,000*
　　18日　宮崎商店から次の商品を仕入れ，代金は小切手を振り出して支払った。
　　　　　　B品　500個　@*¥600*　*¥300,000*
　　20日　鹿児島商店に対する買掛金の一部 *¥180,000* を小切手を振り出して支払
　　　　　った。

解答欄
(1)
仕　訳　帳

1

令和○年		摘　　　　要	元丁	借　　方	貸　　方
1	1	前　期　繰　越　高	✓	4,960,000	4,960,000

❖ 商品有高帳は，Ａ品についてだけ記入することに注意すること。また，売上の場合，問題に品名・数量・単価・金額が示されていると，そのままの単価・金額を記入してしまいやすいので注意すること。

総 勘 定 元 帳

買 掛 金	8
	1/1　430,000

仕 入	13

(2)

仕 入 帳　　1

令和〇年	摘　　要	借　方	貸　方

買 掛 金 元 帳

福 岡 商 店	1
	1/1　200,000

鹿 児 島 商 店	2
	1/1　230,000

商 品 有 高 帳

(先入先出法)　　　　　　　　Ａ 品　　　　　　　　単位：個

令和〇年	摘　要	受　入			引　渡			残　高		
		数量	単価	金　額	数量	単価	金　額	数量	単価	金　額
1	1	前月繰越	100	690	69,000				100	690	69,000

2 東海商店の下記の取引について，　　　　　　　　　　　　　　　　（解答⇨*p.11*）

(1) 仕訳帳に記入して，総勘定元帳（略式）の当座預金勘定と売掛金勘定に転記しなさい。

(2) 売上帳・売掛金元帳（略式）・受取手形記入帳に記入して締め切りなさい。

　　　ただし，i　商品に関する勘定は3分法によること。

　　　　　　　ii　仕訳帳における「諸口」の記入と小書きは省略する。

　　　　　　　iii　元丁欄には，当座預金勘定と売掛金勘定に転記するときだけ記入すればよく，転記のさいには日付と金額を記入すればよい。

　　　　　　　iv　仕訳帳と総勘定元帳は締め切らなくてもよい。

　取　引

1月7日　名古屋商店に次の商品を売り渡し，代金は掛けとした。

　　　　　　A品　100個　@￥1,200　￥120,000

　　　　　　B品　150〃　〃〃1,300　￥195,000

　　9日　名古屋商店に売り渡した上記商品の一部に品質不良があったので，次のとおり値引きをした。なお，この代金は売掛金から差し引くことにした。

　　　　　　B品　40個　@￥50　￥2,000

　18日　静岡商店に対する売掛金の回収として，同店振り出しの約束手形#15（振出日：1月18日，支払日：4月18日，支払場所：全商銀行本店）￥200,000を受け取った。

　28日　静岡商店に次の商品を売り渡し，代金のうち￥100,000は同店振り出しの小切手#31で受け取り，ただちに当座預金とし，残額は掛けとした。

　　　　　　A品　350個　@￥1,200　￥420,000

　31日　横浜商店に対する買掛金￥350,000の支払いとして，さきに得意先静岡商店から受け取った約束手形#15を裏書譲渡し，残額は小切手#27を振り出して支払った。

解答欄

(1)（注意）仕訳帳の1ページには，1月28日までの取引を記入し，繰り越しの記入もおこなうこと。

仕　訳　帳

1

令和○年		摘　　　　　　要	元丁	借　　方	貸　　方
1	1	前　期　繰　越　高	✓	5,280,000	5,280,000

仕　訳　帳

令和〇年	摘　　　　要	元丁	借　　方	貸　　方

2

総 勘 定 元 帳

当　座　預　金		2		売　　掛　　金		4
1/1	120,000			1/1	380,000	

(2)
売　　上　　帳

令和〇年	摘　　　　要	借　　方	貸　　方

1

売　掛　金　元　帳

名　古　屋　商　店		1		静　岡　商　店		2
1/1	180,000			1/1	200,000	

受 取 手 形 記 入 帳

令和〇年	摘　要	金　額	手形種類	手形番号	支 払 人	振出人または裏書人	振出日 月 日	満期日 月 日	支払場所	て　ん　末 月 日 摘　要

1

18 有価証券を買い入れたり，売却したときの記帳

次の取引の仕訳を示しなさい。

(1)　売買目的で愛知商事株式会社の株式100株を1株につき*¥60,000* で買い入
れ，代金は<u>小切手を振り出して支払った</u>。
（有価証券）
（当座預金）

(2)　愛知商事株式会社の<u>株式</u>50株（1株の帳簿価額　*¥60,000*）を1株につき
（有価証券）
¥64,000 で売却し，代金は小切手で受け取り，ただちに<u>当座預金</u>とした。
（当座預金）

(3)　愛知商事株式会社の<u>株式</u>50株（1株の帳簿価額　*¥60,000*）を1株につき
（有価証券）
¥50,000 で売却し，代金は<u>現金</u>で受け取った。
（現金）

(4)　売買目的で額面*¥1,000,000* の国債を額面*¥100* につき*¥97* で買い入れ，
（当座預金）
代金は<u>小切手を振り出して支払った</u>。
（当座預金）

(5)　額面*¥1,000,000*（帳簿価額　額面*¥100* につき*¥97*）の<u>国債</u>を額面*¥100*
（有価証券）
につき*¥98* で売却し，代金は現金で受け取り，ただちに<u>当座預金</u>とした。
（当座預金）

STEP 1 　**基本問題**　実力をアップしよう　　　　　　　　（解答⇨*p.12*）

次の取引の仕訳を示しなさい。

(1)　売買目的で保有している山口物産株式会社の株式10株（1株の帳簿価額*¥65,000*）
を1株につき*¥60,000* で売却し，代金は現金で受け取った。
（借）　　　　　　　　　　　　　　（貸）

(2)　売買目的で額面*¥20,000,000* の国債を額面*¥100* につき*¥96* で買い入れ，代
金は小切手を振り出して支払った。
（借）　　　　　　　　　　　　　　（貸）

(3)　売買目的で保有している額面*¥1,000,000* の国債（帳簿価額　額面*¥100* につき
¥96）を，額面*¥100* につき*¥98* で売却し，代金は小切手で受け取り，ただちに
当座預金とした。
（借）　　　　　　　　　　　　　　（貸）

覚えよう

❖　有価証券を買い入れたときは，有価証券勘定の借方に記入する。

❖　有価証券を売却したときは，有価証券勘定の貸方に記入する。

売却価額＞帳簿価額──→有価証券売却益
売却価額＜帳簿価額──→有価証券売却損

有価証券	
買　入　高	売　却　高

(1) （借）有 価 証 券 *6,000,000*[※]　（貸）当 座 預 金 *6,000,000*

※　買い入れは，買入価額で記入する。

(2) （借）当 座 預 金 *3,200,000*　（貸）有 価 証 券 *3,000,000*[※]
　　　　　　　　　　　　　　　　　　　　有価証券売却益　*200,000*

※　売却は，帳簿価額で記入する。

(3) （借）現　　　　　金 *2,500,000*　（貸）有 価 証 券 *3,000,000*
　　　　有価証券売却損　*500,000*

(4) （借）有 価 証 券 *970,000*[※]　（貸）当 座 預 金 *970,000*

※　$¥1,000,000 \times \dfrac{¥97}{¥100} = ¥970,000$

(5) （借）当 座 預 金 *980,000*　（貸）有 価 証 券 *970,000*
　　　　　　　　　　　　　　　　　　　　有価証券売却益　*10,000*

STEP 2　**発展問題** チャレンジしよう　　　　　（解答⇨*p.12*）

次の取引の仕訳を示しなさい。

⑴　売買目的で秋田産業株式会社の株式300株を1株につき*¥7,500*で買い入れ，代金は買入手数料*¥18,000*とともに小切手を振り出して支払った。　（全商92回）

　　（借）　　　　　　　　　　　　　　　　（貸）

⑵　売買目的で保有している新潟株式会社の株式200株（1株の帳簿価額*¥6,000*）を1株につき*¥7,000*で売却し，代金は当店の当座預金口座に振り込まれた。（全商91回）

　　（借）　　　　　　　　　　　　　　　　（貸）

⑶　売買目的で保有している名古屋工業株式会社の株式100株（1株の帳簿価額*¥89,500*）を1株につき*¥90,000*で売却し，代金は当店の当座預金口座に振り込まれた。

　　　　　　　　　　　　　　　　　　　　　　　　　　　　　　（全商90回）

　　（借）　　　　　　　　　　　　　　　　（貸）

Q ＆ A

Q　有価証券を買い入れたさいに支払った買入手数料などは，どのように処理するのでしょう。
A　買入手数料などの付随費用は，有価証券の取得原価にふくめます。

19 備品などを取得したり，売却したときの記帳

BASIS 　**基本例題** 完全にマスターしよう

次の取引の仕訳を示しなさい。

(1) 商品陳列用ケース✺230,000 を買い入れ，代金は翌月末に支払うことにした。
　　　　　備品　　　　　　　　　　　　　　　　　　　　　　　　　　未払金

(2) 営業用金庫✺200,000 を買い入れ，代金のうち✺100,000 は現金で支払い，
　　　備品　　　　　　　　　　　　　　　　　　　　　　　　　　現金

　残額は翌月末に支払うことにした。
　　　　　未払金

(3) 店舗用として建物を購入し，代金✺2,000,000 と仲介手数料など✺70,000
　　　　　　　　建物　　　　　　　　　　　　　　　建物

　を，ともに小切手を振り出して支払った。
　　　　　当座預金

(4) 帳簿価額✺3,200,000 の建物を✺3,700,000 で売却し，代金は同店振り出
　　　　　　　　　　　　　　　売却価額　　　　　　　　　　　　　現金

　しの小切手で受け取った。

STEP 1 　**基本問題** 実力をアップしよう　　　　　　（解答⇨**p.12**）

次の取引の仕訳を示しなさい。

(1) 商品陳列用ケース✺250,000 を購入し，代金は月末に支払うことにした。
　　（借）　　　　　　　　　　　　　　　（貸）

(2) 営業用金庫✺300,000 を購入し，据付費✺5,000 とともに現金で支払った。
　　（借）　　　　　　　　　　　　　　　（貸）

(3) 店舗用に建物✺1,800,000 を購入し，代金は登記料と買入手数料の合計額✺60,000
　　とともに小切手を振り出して支払った。
　　（借）　　　　　　　　　　　　　　　（貸）

(4) 倉庫を建てるため土地✺3,000,000 を購入し，代金は小切手を振り出して支払っ
　　た。なお，整地費用✺60,000 は現金で支払った。
　　（借）　　　　　　　　　　　　　　　（貸）

(5) 帳簿価額✺300,000 の備品を✺340,000 で売却し，代金は同店振り出しの小切
　　手で受け取った。
　　（借）　　　　　　　　　　　　　　　（貸）

覚えよう

✤ 備品を取得したときは，備品勘定の借方に記入する。

✤ 建物を取得したときは，建物勘定の借方に記入する。

✤ 土地を取得したときは，土地勘定の借方に記入する。

売却価額＞帳簿価額──固定資産売却益
売却価額＜帳簿価額──固定資産売却損

備　品	
取得時 （取得原価）	売却時 （帳簿価額）

(1)	（借）	備　　品	230,000	（貸）	未　払　金	230,000
(2)	（借）	備　　品	200,000	（貸）	現　　金	100,000
					未　払　金	100,000
(3)	（借）	建　　物	2,070,000	（貸）	当 座 預 金	2,070,000
(4)	（借）	現　　金	3,700,000	（貸）	建　　物	3,200,000
					固定資産売却益	500,000

STEP 2 　**発展問題**　チャレンジしよう　　　（解答⇨p.12）

次の取引の仕訳を示しなさい。

(1) 店舗用に建物₩4,500,000 を購入し，代金は小切手を振り出して支払った。なお，登記料と買入手数料の合計額₩290,000 は現金で支払った。　（全商88回）

　（借）　　　　　　　　　　　　（貸）

(2) 帳簿価額₩2,100,000 の備品を₩2,160,000 で売却し，代金は小切手で受け取り，ただちに当座預金に預け入れた。　（全商89回）

　（借）　　　　　　　　　　　　（貸）

(3) 帳簿価額₩4,300,000 の建物を₩3,700,000 で売却し，代金は小切手で受け取り，ただちに当座預金に預け入れた。　（全商87回）

　（借）　　　　　　　　　　　　（貸）

(4) 帳簿価額₩8,000,000 の建物を₩6,500,000 で売却し，代金は小切手で受け取り，ただちに当座預金に預け入れた。　（全商92回）

　（借）　　　　　　　　　　　　（貸）

　　　　　　　　　　　Q & A

Q　購入のさいに支払った仲介手数料などは，どのように処理するのでしょう。
A　使用するまでにかかった費用は，取得原価にふくめて記帳します。

貸付金や借入金の記帳

次の取引の仕訳を示しなさい。

(1) 三重商店に借用証書によって，現金*200,000* を貸し付けた。
    現金   貸付金

(2) 三重商店に借用証書によって貸し付けていた*200,000* と，その利息*15,000*
    貸付金   受取利息
    をともに現金で受け取った。
    現金

(3) 和歌山商店から現金*500,000* を借用証書によって借り入れた。
    現金   借入金

(4) 和歌山商店から借用証書によって*500,000* を借り入れていたが，利息
    借入金   利息
    30,000 とともに現金で支払った。
    現金

次の取引の仕訳を示しなさい。

(1) 大阪商店に借用証書によって，現金*300,000* を貸し付けた。

（借）   （貸）

(2) 大阪商店に借用証書によって貸し付けていた*300,000* と，その利息*29,000*
    をともに同店振り出しの小切手で受け取った。

（借）   （貸）

(3) 京都商店から借用証書によって，現金*700,000* を借り入れた。

（借）   （貸）

(4) 京都商店から借用証書によって*700,000* を借り入れていたが，本日，利息*70,000*
    とともに小切手を振り出して返済した。

（借）   （貸）

覚えよう

✣ 金銭を貸し付けたときは，貸付金勘定の借方に記入する。
✣ 貸付金を回収したときは，貸付金勘定の貸方に記入する。
✣ 金銭を借り入れたときは，借入金勘定の貸方に記入する。
✣ 借入金を返済したときは，借入金勘定の借方に記入する。

	貸 付 金				借 入 金		
	貸し付け高	回 収 高			返 済 金	借入れ高	

(1)	(借)	貸　付　金	200,000	(貸)	現　　　金	200,000
(2)	(借)	現　　　金	215,000	(貸)	貸　付　金	200,000
					受 取 利 息	15,000
(3)	(借)	現　　　金	500,000	(貸)	借　入　金	500,000
(4)	(借)	借　入　金	500,000	(貸)	現　　　金	530,000
		支 払 利 息	30,000			

STEP 2　発展問題　チャレンジしよう　　（解答⇨p.12）

次の取引の仕訳を示しなさい。

(1)　東西商店に借用証書によって，現金¥1,200,000 を貸し付けた。　（全商90回）

（借）　　　　　　　　　　　　　　（貸）

(2)　青森商店から現金¥500,000 を借用証書によって借り入れた。　（全商73回）

（借）　　　　　　　　　　　　　　（貸）

(3)　山形商店から借用証書によって¥400,000 を借り入れていたが，本日，利息¥6,000
とともに現金で返済した。　　　　　　　　　　　　　　　　　（全商92回）

（借）　　　　　　　　　　　　　　（貸）

(4)　京都商店に借用証書によって貸し付けていた¥600,000 の返済を受け，その利
息¥18,000 とともに現金¥618,000 で受け取った。　　　　　（全商88回）

（借）　　　　　　　　　　　　　　（貸）

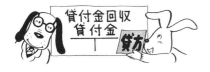

21 前払金や前受金の記帳

BASIS | **基本例題** 完全にマスターしよう

次の取引の仕訳を示しなさい。ただし，商品勘定は３分法によること。

(1) 宮崎商店に商品*₩400,000* を注文し，<u>内金</u>として*₩50,000* を<u>現金</u>で支払った。
　　　　　　　　　　　　　　　　　　　前払金　　　　　　　　　　　　　　現金

(2) 宮崎商店から商品*₩400,000* を仕入れ，代金はさきに支払ってある<u>内金</u>
　　　　　　　　　　　　　　　　　　　　　　　　　　　　　　　　　前払金

₩50,000 を差し引き，<u>残額は掛け</u>とした。
　　　　　　　　　　買掛金

(3) 鹿児島商店から商品*₩400,000* の注文をうけ，<u>内金</u>として*₩50,000* を<u>現金</u>
　　　　　　　　　　　　　　　　　　　　　　　前受金　　　　　　　　　　　現金

で受け取った。

(4) 鹿児島商店に商品を*₩400,000* で売り渡し，代金は<u>さきに受け取っている</u>
　　　　　　　　　　　　　　　　　　　　　　　　　　　　前受金

<u>内金*₩50,000*</u> を差し引き，<u>残額は掛け</u>とした。
　　　　　　　　　　　　　　　　　売掛金

STEP 1 | **基本問題** 実力をアップしよう　　　　　　　　（解答⇨*p.13*）

次の取引の仕訳を示しなさい。ただし，商品に関する勘定は３分法によること。

(1) 島根商店に商品*₩300,000* を注文し，内金として現金*₩30,000* を支払った。

　　（借）　　　　　　　　　　　　　　（貸）

(2) 島根商店から商品*₩300,000* を仕入れ，代金はさきに支払ってある内金*₩30,000*
　　を差し引き，残額は掛けとした。

　　（借）　　　　　　　　　　　　　　（貸）

(3) 鳥取商店から商品の注文を受け，内金として*₩150,000* を現金で受け取った。

　　（借）　　　　　　　　　　　　　　（貸）

(4) 鳥取商店に商品を*₩400,000* で売り渡し，代金はさきに受け取っている内金
　　₩150,000 を差し引き，残額は掛けとした。

　　（借）　　　　　　　　　　　　　　（貸）

覚えよう

- ✧ 商品を注文し，代金の一部を前払いしたときは，前払金勘定の借方に記入する。
- ✧ 商品を受け入れたときに，前払分を前払金勘定の貸方に記入する。
- ✧ 注文をうけて，代金の一部を前受けしたときは，前受金勘定の貸方に記入する。
- ✧ 商品を引き渡したときに，前受分を前受金勘定の借方に記入する。

	前　払　金	
前　払　額	仕入代金 充　当　額

	前　受　金	
売上代金 充　当　額	前　受　額

(1) （借）前　払　金　50,000　　　（貸）現　　　金　50,000

(2) （借）仕　　　入　400,000　　（貸）前　払　金　50,000
　　　　　　　　　　　　　　　　　　　買　掛　金　350,000

(3) （借）現　　　金　50,000　　　（貸）前　受　金　50,000

(4) （借）前　受　金　50,000　　　（貸）売　　　上　400,000
　　　　売　掛　金　350,000

STEP 2　**発展問題**　チャレンジしよう　　　　　（解答⇨*p.13*）

次の取引の仕訳を示しなさい。ただし，商品に関する勘定は3分法によること。

(1) 宮城商店から商品の注文を受け，内金として¥*90,000* を現金で受け取った。

（全商92回）

　　（借）　　　　　　　　　　　　　（貸）

(2) 岩手商店から商品¥*300,000* を仕入れ，代金はさきに支払ってある内金¥*60,000*
を差し引き，残額は掛けとした。　　　　　　　　　　　　（全商86回）

　　（借）　　　　　　　　　　　　　（貸）

(3) 宮崎商店に商品¥*350,000* を売り渡し，代金はさきに受け取っていた内金¥*100,000*
を差し引き，残額は掛けとした。　　　　　　　　　　　　（全商82回）

　　（借）　　　　　　　　　　　　　（貸）

22 未収金や未払金の記帳

次の取引の仕訳を示しなさい。

(1) 不用品を売却し，代金*8,000* は月末に受け取ることにした。
　　雑益　　　　　　　　　　　　　　　　　　　　　未収金

(2) 未収金*8,000* を現金で受け取った。
　　未収金　　　　　　　現金

(3) 事務用の机*260,000* を買い入れ，代金は月末に支払うことにした。
　　備品　　　　　　　　　　　　　　　　　　　　　未払金

(4) 未払金*260,000* を小切手を振り出して支払った。
　　未払金　　　　　　　当座預金

STEP 1 **基本問題** 実力をアップしよう （解答⇨*p.13*）

次の取引の仕訳を示しなさい。

(1) 古雑誌を売却し，代金*3,000* は月末に受け取ることにした。

　　（借）　　　　　　　　　　　　　　（貸）

(2) さきに古雑誌を売却した代金の未収分*3,000* を現金で受け取った。

　　（借）　　　　　　　　　　　　　　（貸）

(3) 事務用の金庫*225,000* を買い入れ，代金のうち*125,000* は現金で支払い，残額は来月末に支払うことにした。

　　（借）　　　　　　　　　　　　　　（貸）

(4) さきに事務用の金庫を購入したさいの未払分*100,000* を，小切手を振り出して支払った。

　　（借）　　　　　　　　　　　　　　（貸）

覚えよう

- 商品以外のものを売却したときの未収額は，未収金勘定の借方に記入する。
- 未収金を受け取ったときは，未収金勘定の貸方に記入する。
- 商品以外のものを買い入れたときの未払額は，未払金勘定の貸方に記入する。
- 未払金を支払ったときは，未払金勘定の借方に記入する。

未　収　金	
未　収　額	回　収　額

未　払　金	
支　払　額	未　収　額

	(借)					(貸)				
(1)	未	収	金	8,000		雑		益	8,000
(2)	現		金	8,000		未	収	金	8,000
(3)	備		品	260,000		未	払	金	260,000
(4)	未	払	金	260,000		当	座	預 金	260,000

STEP 2 発展問題　チャレンジしよう　　　　　　　（解答⇨*p.13*）

次の取引の仕訳を示しなさい。

(1) 千葉商店から商品陳列用ケース*¥210,000*を買い入れ，代金は月末に支払うことにした。 (全商76回)

（借）　　　　　　　　　　　　　　（貸）

(2) 明石商店から事務用のカラーコピー機*¥640,000*を買い入れ，代金は月末に支払うことにした。 (全商69回)

（借）　　　　　　　　　　　　　　（貸）

(3) 千葉商店から商品陳列用ケース*¥370,000*を買い入れ，代金は月末に支払うことにした。 (全商67回)

（借）　　　　　　　　　　　　　　（貸）

(4) 不用品を売却し，代金*¥2,000*は月末に受け取ることにした。

（借）　　　　　　　　　　　　　　（貸）

給料の支払時の記帳

次の取引の仕訳を示しなさい。

(1) 従業員の本月分の給料*200,000* の支払いにさいし，源泉徴収の所得税額
   給料   所得税預り金
   5,000 を差し引き，残額を現金で支払った。

(2) 従業員から預かった源泉徴収の所得税額*5,000* を現金で税務署に納付した。
              所得税預り金

(3) 従業員負担の生命保険料*12,000* を，現金で立て替えて支払った。
   従業員立替金

(4) 従業員の本月分の給料*280,000* の支払いにさいし，立て替えて支払って
                                            従業員立替金
   いた従業員負担の生命保険料*30,000* と従業員から預かっていた源泉徴収
                                            所得税預り金
   の所得税額*20,000* を差し引いて，残額は現金で支払った。

STEP 1 基本問題 実力をアップしよう (解答⇨ *p.13*)

次の取引の仕訳を示しなさい。

(1) 本月分の給料*180,000* の支払いにさいし，所得税額*4,000* を差し引いて，残
   額は現金で支払った。
   (借)   (貸)

(2) 本月分の給料*220,000* の支払いにさいし，立て替えて支払っていた従業員負
   担の生命保険料*35,000* を差し引き，残額を現金で支払った。
   (借)   (貸)

(3) 本月分の給料*240,000* の支払いにさいし，源泉徴収の所得税額*25,000* を差
   し引き，残額を現金で支払った。
   (借)   (貸)

(4) 従業員の本月分の給料*250,000* の支払いにさいし，立て替えて支払っていた
   従業員負担の生命保険料*30,000* と従業員から預かっていた源泉徴収の所得税額
   12,000 を差し引いて，残額は現金で支払った。
   (借)   (貸)

覚えよう

❖ 給料を支払ったときは，給料勘定の借方に記入する。
❖ 従業員の給料から源泉徴収した所得税は，所得税預り金勘定の貸方に記入する。

給　　　料		所得税預り金		従業員預り金		従業員立替金	
支払額			預り額		預り額	立替額	回収額

(1) （借）給　　　　料 *200,000*　　（貸）所得税預り金 *5,000*
　　　　　　　　　　　　　　　　　　　　　現　　　　金 *195,000*

(2) （借）所得税預り金 *5,000*　　（貸）現　　　　金 *5,000*

(3) （借）従業員立替金 *12,000*　　（貸）現　　　　金 *12,000*

(4) （借）給　　　　料 *280,000*　　（貸）従業員立替金 *30,000*
　　　　　　　　　　　　　　　　　　　　　所得税預り金 *12,000*
　　　　　　　　　　　　　　　　　　　　　現　　　　金 *238,000*

STEP 2　　**発展問題**　チャレンジしよう　　　　　　　（解答⇨**p.13**）

次の取引の仕訳を示しなさい。

(1)　本月分の給料¥*750,000* の支払いにあたり，所得税額¥*54,000* を差し引いて，従業員の手取金を現金で支払った。　　　　　　　　　　　　　　（第92回）
　　（借）　　　　　　　　　　　　　　（貸）

(2)　従業員から預かっていた所得税の源泉徴収額¥*67,000* を税務署に現金で納付した。　　　　　　　　　　　　　　　　　　　　　　　　　　（第87回）
　　（借）　　　　　　　　　　　　　　（貸）

(3)　甲斐商店は，本月分の給料¥*610,000* の支払いにあたり，所得税額¥*48,000* を差し引いて，従業員の手取額¥*562,000* を現金で支払った。　　（第90回）
　　（借）　　　　　　　　　　　　　　（貸）

(4)　本月分の給料¥*790,000* の支払いにさいし，所得税額¥*47,000* と従業員立替金¥*50,000* を差し引いて，残額は現金で支払った。　　　　　（全商44回）
　　（借）　　　　　　　　　　　　　　（貸）

覚えよう
- ❖　従業員から金銭を預かったときは，従業員預り金勘定の貸方に記入する。
- ❖　従業員から立替金を回収したときは，従業員立替金勘定の貸方に記入する。

24 仮払金や仮受金の記帳

基本例題 完全にマスターしよう

次の取引の仕訳を示しなさい。

(1) 従業員の出張にさいし，<u>旅費の概算額として</u>＄70,000 を現金で渡した。
   _{仮払金}

(2) 従業員が出張から帰り，<u>仮払いした</u>＄70,000 から<u>旅費</u>＄65,000 を差し引
   _{仮払金} _{旅費}
   いた残額を<u>現金</u>で受け入れた。
   _{現金}

(3) 出張中の従業員から，<u>現金</u>＄300,000 が送られてきたが，<u>送金内容は不明</u>
   _{現金} _{仮受金}
   である。

(4) 出張中の従業員から<u>内容不明で受け入れた現金</u>＄300,000 は，得意先宮城
   _{仮受金}
   商店に対する<u>売掛金</u>の回収であることがわかった。
   _{売掛金}

基本問題 実力をアップしよう （解答⇨ *p.13*）

次の取引の仕訳を示しなさい。

(1) 従業員の出張にあたり，旅費の概算額として ＄50,000 を現金で渡した。
   （借） （貸）

(2) 従業員が出張にさいし，旅費の概算額として ＄50,000 を仮払いしていたが，本日，
   従業員が出張から戻り，旅費の精算をおこない残額 ＄3,000 を現金で受け取った。
   （借） （貸）

(3) 出張中の従業員から送金小切手 ＄70,000 が送られてきたが，送金内容は不明である。
   （借） （貸）

(4) 出張中の従業員から内容不明で受け入れた送金小切手 ＄70,000 は，得意先新潟
   商店に対する売掛金の回収であることがわかった。
   （借） （貸）

覚えよう

✢ 勘定科目または金額が確定しないで現金を支払ったときは，仮払金勘定の借方
 に記入する。

✢ 勘定科目または金額が判明したときは，仮払金勘定の貸方に記入する。

✢ 勘定科目または金額が確定しないで現金を受け取ったときは，仮受金勘定の貸
 方に記入する。

✢ 勘定科目または金額が判明したときは，仮受金勘定の借方に記入する。

		仮 払 金					仮 受 金	
	仮 払 額		内容判明額			内容判明額		仮 受 額

(1) （借）仮 払 金 *70,000* （貸）現 金 *70,000*

(2) （借）旅 費 *65,000* （貸）仮 払 金 *70,000*
　　　　現 金 *5,000*

(3) （借）現 金 *300,000* （貸）仮 受 金 *300,000*

(4) （借）仮 受 金 *300,000* （貸）売 掛 金 *300,000*

STEP 2　**発展問題**　チャレンジしよう　　　　　（解答⇨*p.14*）

　次の取引の仕訳を示しなさい。

(1)　従業員の出張にさいし，旅費の概算額として*¥40,000*を現金で渡した。

（全商第89回）

　　　（借）　　　　　　　　　　　　（貸）

(2)　従業員の出張にさいし，旅費の概算額として*¥90,000*を仮払いしていたが，本日，従業員が帰店して精算をおこない，残額*¥7,000*を現金で受け取った。

（全商第91回）

　　　（借）　　　　　　　　　　　　（貸）

(3)　出張中の従業員から当店の当座預金口座に*¥130,000*の振り込みがあったが，その内容は不明である。　　　　　　　　　　　　　　　　　（全商第88回）

　　　（借）　　　　　　　　　　　　（貸）

(4)　さきに，仮受金勘定で処理していた*¥150,000*について，本日，その金額は，得意先秋田商店に対する売掛金の回収額であることがわかった。　　（全商第79回）

　　　（借）　　　　　　　　　　　　（貸）

受取商品券の記帳

BASIS **基本例題** 完全にマスターしよう

次の取引の仕訳を示しなさい。ただし, 商品に関する勘定は 3 分法によること。

(1) 商品を ¥10,000 で売り渡し, 代金として北東市が発行した商品券 ¥10,000
_{受取商品券}
を受け取った。

(2) 商品を ¥10,000 で売り渡し, 代金として青森百貨店が発行した商品券
_{受取商品券}
¥10,000 を受け取った。

(3) 商品を ¥50,000 で売り渡し, 代金として西南市が発行した商品券 ¥30,000
_{受取商品券}
と現金 ¥20,000 を受け取った。

(4) かねて売上代金として受け取っていた北東市発行の商品券 ¥10,000 を引き
_{受取商品券}
渡して換金請求し, 同額が当社の普通預金口座に振り込まれた。

STEP 1 **基本問題** 実力をアップしよう (解答⇨*p.14*)

次の取引の仕訳を示しなさい。ただし, 商品に関する勘定は 3 分法によること。

(1) 商品を ¥30,000 で売り渡し, 代金として自治体が発行した商品券 ¥30,000 を受
け取った。
(借) (貸)

(2) 商品を ¥70,000 で売り渡し, 代金のうち ¥35,000 は自治体が発行した商品券で
受け取り, 残額は現金で受け取った。
(借) (貸)

(3) 商品を ¥20,000 で売り渡し, 代金のうち ¥10,000 は宮城百貨店が発行した商品
券で受け取り, 残額は現金で受け取った。
(借) (貸)

(4) かねて売上代金として受け取っていた自治体が発行した商品券 ¥35,000 を引き
渡して換金請求し, 同額が当社の普通預金口座に振り込まれた。
(借) (貸)

覚えよう

❖ 自治体や百貨店などが発行した商品券を受け取ったときは, 受取商品券勘定の
借方に記入する。

❖ 商品券を換金あるいは決済したときは, 受取商品券勘定の貸方に記入する。

受け取ったとき	換金したとき

---

(1) （借）受 取 商 品 券 *10,000*　　　（貸）売　　　　上 *10,000*

(2) （借）受 取 商 品 券 *10,000*　　　（貸）売　　　　上 *10,000*

(3) （借）受 取 商 品 券 *30,000*　　　（貸）売　　　　上 *50,000*
　　　　　現　　　　金 *20,000*

(4) （借）普 通 預 金 *10,000*　　　（貸）受 取 商 品 券 *10,000*

STEP 2 | **発展問題** チャレンジしよう　　　　　　（解答⇨*p.14*）

次の取引の仕訳を示しなさい。ただし，商品に関する勘定は3分法によること。

(1) 商品を *¥80,000* で売り渡し，代金は北南市が発行した同額の商品券で受け取った。
　　（借）　　　　　　　　　　　　（貸）

(2) 商品を *¥29,000* で売り渡し，代金は南北百貨店が発行した商品券 *¥30,000* で受け取り，お釣りを現金で支払った。
　　（借）　　　　　　　　　　　　（貸）

(3) 石川商店は商品を *¥90,000* で売り渡し，代金のうち *¥60,000* は東西百貨店が発行した商品券で受け取り，残額は現金で受け取った。
　　（借）　　　　　　　　　　　　（貸）

(4) 山梨商店は商品を *¥130,000* で売り渡し，代金のうち *¥100,000* は自治体が発行した商品券で受け取り，残額は現金で受け取った。
　　（借）　　　　　　　　　　　　（貸）

(5) 石川商店は東西百貨店が発行した商品券 *¥60,000* について，東西百貨店に対して決済の請求をおこない，同額が当社の普通預金口座に振り込まれた。
　　（借）　　　　　　　　　　　　（貸）

総合演習問題3

1 山形商店の下記の取引について，それぞれの取引を示し，総勘定元帳（略式）に
転記しなさい。ただし，総勘定元帳には日付と金額を記入すればよい。（解答⇨*p.14*）

取 引

1月5日　長野商店から借用証書によって，現金*￥200,000* を借り入れ，ただちに当
　　　　座預金に預け入れた。

　　7日　パーソナルコンピュータ*￥319,000* を買い入れ，代金は付随費用*￥7,000*
　　　　とともに小切手を振り出して支払った。

　　25日　長野商店から借用証書によって*￥200,000* を借り入れていたが，利息*￥1,000*
　　　　とともに小切手を振り出して支払った。

(解答欄)

	借　　　　　方	貸　　　　　方
1月5日		
7日		
25日		

	当　座　預　金		2
1/1	1,900,000		

	備　　　品		5

	借　入　金		7

	支　払　利　息		15

2 次の取引の仕訳を示しなさい。ただし，商品に関する勘定は３分法によること。

（解答⇨*p.14*）

(1) 北海道商店から商品￥*300,000* を仕入れ，代金はさきに支払ってある内金￥*45,000* を差し引き，残額は掛けとした。

(2) 青森商店から商品陳列用ケース￥*230,000* を買い入れ，代金は月末に支払うことにした。

(3) 本月分の給料￥*170,000* の支払いにさいし，所得税額￥*23,000* を差し引いて，従業員の手取金を現金で支払った。

(4) 従業員の出張にさいし，旅費の概算額として￥*70,000* を現金で渡した。

(5) 従業員の出張にさいし，旅費の概算額として￥*70,000* を仮払いしていたが，本日，従業員が出張から帰店し，旅費の精算をおこない残額￥*2,000* を現金で受け取った。

(6) 商品を￥*50,000* で売り渡し，代金は自治体発行の同額の商品券で受け取った。

(7) 商品を￥*80,000* で売り渡し，代金のうち￥*30,000* は自治体発行の商品券で受け取り，残額は現金で受け取った。

解答欄

	借　　　方	貸　　　方
(1)		
(2)		
(3)		
(4)		
(5)		
(6)		
(7)		

合計残高試算表の作成

BASIS | **基本例題** 完全にマスターしよう

広島商店の1月31日の勘定記録は次のとおりである。よって，合計残高試算表を作成しなさい。

現　　金　　1	
300,000	250,000
30,000	350,000
220,000	60,000
200,000	8,000

売　掛　金　2	
50,000	30,000
300,000	200,000
160,000	

繰　越　商　品　3	
200,000	

買　掛　金　4	
350,000	400,000

資　本　金　5	
	500,000

売　　上　　6	
	50,000
	520,000
	160,000

仕　　入　　7	
250,000	
400,000	

給　　料　　8	
60,000	

広　告　料　9	
8,000	

解答欄

各勘定口座の借方合計を記入する。　　　各勘定口座の貸方合計を記入する。

合　計　残　高　試　算　表
令和○年1月31日

借　　　　方		元丁	勘　定　科　目	貸　　　　方	
残　　高	合　　計			合　　計	残　　高
82,000	750,000	1	現　　　　　金	668,000	
280,000	510,000	2	売　　掛　　金	230,000	
200,000	200,000	3	繰　越　商　品		
	350,000	4	買　　掛　　金	400,000	50,000
		5	資　　本　　金	500,000	500,000
		6	売　　　　　上	730,000	730,000
650,000	650,000	7	仕　　　　　入		
60,000	60,000	8	給　　　　　料		
8,000	8,000	9	広　　告　　料		
1,280,000	2,528,000			2,528,000	1,280,000

一致する
一致する

覚えよう

❖　決算の手続き

(1) 予備手続　──→　(2) 本手続き　──→　(3) 決算の報告

① 試算表の作成　　① 元帳の締め切り　　① 損益計算書の作成

② 棚卸表の作成　　② 仕訳帳の締め切り　　② 貸借対照表の作成

STEP 1 基本問題 実力をアップしよう （解答⇨*p.14*）

岡山商店の1月31日の勘定記録は次のとおりである。よって，合計残高試算表を作成しなさい。

現　　金　1	
1,500,000	*1,250,000*

売　掛　金　2	
950,000	*500,000*

有　価　証　券　3	
200,000	

繰　越　商　品　4	
548,000	

備　　品　5	
154,000	

買　掛　金　6	
650,000	*980,000*

資　本　金　7	
	1,000,000

売　　上　8	
	1,710,000

受　取　利　息　9	
	6,000

仕　　入　10	
1,170,000	

給　　料　11	
189,000	

支　払　家　賃　12	
85,000	

解答欄

合　計　残　高　試　算　表
令和○年　月　日

借　　方		元丁	勘　定　科　目	貸　　方	
残　高	合　計			合　計	残　高
		1	現　　　　　金		
		2	売　　掛　　金		
		3	有　価　証　券		
		4	繰　越　商　品		
		5	備　　　　　品		
		6	買　　掛　　金		
		7	資　　本　　金		
		8	売　　　　　上		
		9	受　取　利　息		
		10	仕　　　　　入		
		11	給　　　　　料		
		12	支　払　家　賃		

　兵庫商店の下記の取引について仕訳を示し，総勘定元帳（略式）に転記して，8月末における合計残高試算表を作成しなさい。ただし，総勘定元帳には日付・相手科目・金額を示すこと。

　取　引

8月1日　現金₩1,000,000 を元入れして開業した。

　3日　パーソナルコンピュータ₩250,000 を購入し，代金は現金で支払った。

　6日　商品₩300,000 を仕入れ，代金は掛けとした。

11日　商品を₩200,000 で売り渡し，代金は掛けとした。

15日　借用証書によって現金₩100,000 を借り入れた。

19日　商品₩180,000 を仕入れ，代金のうち₩80,000 は現金で支払い，残額は掛けとした。

20日　京都商店に対する売掛金の一部₩160,000 を現金で受け取った。

22日　滋賀商店に対する買掛金の一部₩240,000 を現金で支払った。

24日　商品を₩170,000 で売り渡し，代金のうち₩100,000 は現金で受け取り，残額は掛けとした。

25日　上記商品のうち₩15,000 が返品され，代金は売掛金から差し引くことにした。

26日　広告料₩30,000 を現金で支払った。

31日　雑費₩5,000 を現金で支払った。

解答欄

	借　　　　　方	貸　　　　　方
8/1		
3		
6		
11		
15		
19		
20		
22		
24		
25		
26		
31		

現　　　　金　　1		売　掛　金　　2	

備　　　品　　3	
借　入　金　　5	
買　掛　金　　4	資　本　金　　6
売　　　上　　7	仕　　　入　　8
広　告　料　　9	雑　　　費　　10

合 計 残 高 試 算 表
令和○年 8 月31日

借	方	元丁	勘 定 科 目	貸	方
残　高	合　計			合　計	残　高
		1	現　　　　金		
		2	売　掛　金		
		3	備　　　品		
		4	買　掛　金		
		5	借　入　金		
		6	資　本　金		
		7	売　　　上		
		8	仕　　　入		
		9	広　告　料		
		10	雑　　　費		

27 決算整理（その1）—商品に関する決算整理—

BASIS 　**基本例題**　完全にマスターしよう

北陸商店（個人企業　決算年1回　12月31日）の次の勘定記録にもとづいて，

(1)　決算整理仕訳を示しなさい。

(2)　商品に関する勘定と損益勘定に必要な記入をおこない，商品に関する勘定を締め切りなさい。なお，勘定記入は日付・相手科目・金額を示すこと。また，期末商品棚卸高は¥39,000である。

繰 越 商 品			仕 入	
1/1 前期繰越　35,000			379,000	

売 上			損 益	
	537,000			

解答

(1)

借　　　　　方		貸　　　　　方	
仕　　　　　入　35,000		繰 越 商 品　35,000	
繰 越 商 品　39,000		仕　　　　　入　39,000	
売　　　　　上　537,000		損　　　　　益　537,000	
損　　　　　益　375,000		仕　　　　　入　375,000	

(2)

繰 越 商 品			仕 入	
1/1 前期繰越　35,000	12/31 仕　入　35,000		379,000	12/31 繰越商品　39,000
12/31 仕　入　39,000	〃 次期繰越　39,000		12/31 繰越商品　35,000	〃 損　益　375,000
74,000	74,000		414,000	414,000

売 上			損 益	
12/31 損　益　537,000	537,000		12/31 仕　入　375,000	12/31 売　上　537,000

覚えよう

❖　売上原価の算出（仕入勘定で売上原価を求める。）

期首商品棚卸高
（＋）純 仕 入 高　　→（借）仕　入　35,000　（貸）繰越商品　35,000…①
（－）期末商品棚卸高　→（借）繰越商品　39,000　（貸）仕　入　39,000…②
売 上 原 価

繰越商品				仕 入	
35,000	35,000				39,000
39,000		①		379,000	
				35,000	売上原価
		②			

仕　　　入				損　　　益			売　　　上	
純仕入高	期末商品棚卸高	→振替→	売上原価	純売上高	←振替←	（純売上高）	純売上高
期首商品棚卸高	売上原価		売上総利益				

（解答⇨p.15）

STEP 1 ▷ **基本問題** 実力をアップしよう

東北商店（個人企業　決算年1回　12月31日）の次の勘定記録にもとづいて，

(1) 決算整理仕訳を示しなさい。

(2) 商品に関する勘定と損益勘定に必要な記入をおこない，商品に関する勘定を締め切りなさい。なお，勘定記入は日付・相手科目・金額を示すこと。また，期末商品棚卸高は¥59,000である。

繰　越　商　品			仕　　　入		
1/1 前期繰越　74,000			224,000		

売　　　上			損　　　益		
	325,000				

解答欄

(1)

借　　　　　方	貸　　　　　方

(2)

繰　越　商　品			仕　　　入		
1/1 前期繰越　74,000			224,000		

売　　　上			損　　　益		
	325,000				

❖ 期首商品棚卸高＋当期純仕入高－期末商品棚卸高＝売上原価
当期純売上高－売上原価＝売上総利益

STEP 2 **発展問題** チャレンジしよう (解答⇨*p.16*)

1. 近畿商店（個人企業 決算年1回 12月31日）の次の勘定記録にもとづいて，

(1) 決算整理仕訳を示しなさい。

(2) 商品に関する勘定と損益勘定に必要な記入をおこない，商品に関する勘定を締め切りなさい。なお，勘定記入は日付・相手科目・金額を示すこと。また，期末商品棚卸高は*¥400,000* である。

解答欄

(1)

借 方		貸 方	

(2)

繰 越 商 品			
1/1 前期繰越 *350,000*			

仕 入			
3,280,000		*192,000*	

売 上			
250,000		*4,310,000*	

損 益			

2. 次の商品に関する勘定記録から，(1)純仕入高 (2)純売上高 (3)売上原価 (4)売上総利益の金額を計算しなさい。ただし，期末商品棚卸高は*¥150,000* である。

繰 越 商 品			
前期繰越 *120,000*			

仕 入			
1,162,000		*95,000*	

売 上			
125,000		*1,605,000*	

(1) 純 仕 入 高 ¥＿＿＿＿＿ (2) 純 売 上 高 ¥＿＿＿＿＿

(3) 売 上 原 価 ¥＿＿＿＿＿ (4) 売 上 総 利 益 ¥＿＿＿＿＿

❖ 商品の返品・値引きの仕訳は，掛け売上または掛け仕入の仕訳を貸借反対に仕訳すればよい。

3. 中国商店の次の取引の仕訳を示し，繰越商品勘定・仕入勘定・売上勘定・損益勘定に転記し，損益勘定を除く各勘定を締め切りなさい。

取　引

12月4日　島根商店から商品￥60,000 を仕入れ，代金は掛けとした。

　　10日　広島商店に商品を￥29,000 で売り渡し，代金は掛けとした。

　　12日　島根商店から仕入れた商品の一部￥2,000 を返品した。

　　19日　岡山商店に商品を￥46,000 で売り渡し，代金のうち￥20,000 は約束手形で受け取り，残額は掛けとした。

　　20日　岡山商店に売り渡した商品の一部￥3,000 が返品され，代金は売掛金から差し引くことにした。

　　25日　山口商店から商品￥23,000 を仕入れ，代金は掛けとした。

　　31日　決算にあたり実地棚卸をおこなったところ，期末商品棚卸高は￥96,000 であった。

解答欄

	借　　　　　　　方	貸　　　　　　　方
12/ 4		
10		
12		
19		
20		
25		
31		

繰　越　商　品

12/1 前期繰越 56,000	

仕　　　　入

売　　　　上

損　　　　益

BASIS | **基本例題** 完全にマスターしよう

九州商店（個人企業　決算年１回　12月31日）の決算整理仕訳を示し，貸倒引当金繰入勘定と貸倒引当金勘定に記入して締め切りなさい。

取　引

12月31日　決算にさいし，貸倒見積高を売掛金残高 *¥820,000* の５％と見積もり，貸倒引当金を設定した。

$¥820,000 × 5\% = ¥41,000$

　　　　　ただし，貸倒引当金勘定の残高は零(0)である。

　〃日　貸倒引当金繰入勘定の残高 *¥41,000* を損益勘定へ振り替えた。

３月20日　得意先北西商店が倒産し，前期から繰り越された同店に対する売掛金 *¥20,000* が回収不能となったため，貸し倒れとして処理した。

解　答

	借　　　方		貸　　　方	
12/31	貸倒引当金繰入	*41,000*	貸 倒 引 当 金	*41,000*
〃	損　　　　益	*41,000*	貸倒引当金繰入	*41,000*
3/20	貸 倒 引 当 金	*20,000*	売　　掛　　金	*20,000*

貸倒引当金繰入		貸 倒 引 当 金	
12/31貸倒引当金*41,000*	12/31損　　益*41,000*	12/31次期繰越*41,000*	12/31貸倒引当金繰入*41,000*
		20,000	12/31前期繰越*41,000*

STEP 1 | **基本問題** 実力をアップしよう　　　　　　　(解答⇨*p.16*)

北海道商店（個人企業　決算年１回　12月31日）の決算整理仕訳を示し，貸倒引当金繰入勘定と貸倒引当金勘定に記入して締め切りなさい。

取　引

12月31日　決算にさいし，貸倒見積高を売掛金銭高 *¥900,000* の５％と見積もり，貸倒引当金を設定した。ただし，貸倒引当金勘定の残高は *¥5,000* である。

　〃日　貸倒引当金繰入勘定の残高 *¥40,000* を損益勘定へ振り替えた。

３月20日　得意先南北商店が倒産し，前期から繰り越された同店に対する売掛金 *¥11,000* が回収不能となったため，貸し倒れとして処理した。

解答欄

	借　　　　　方		貸　　　　　方	
12/31				
〃				
3/20				

貸倒引当金繰入		貸 倒 引 当 金	
			5,000

❖ 貸倒引当金勘定の残高が貸し倒れの金額よりも少ない場合には，貸倒損失勘定（費用の勘定）で処理する。

STEP 2 ⟩⟩ 発展問題 チャレンジしよう （解答⇨*p.17*）

四国商店（個人企業　決算年1回　12月31日）の次の取引の仕訳を示し，貸倒引当金繰入勘定と貸倒引当金勘定に記入して締め切りなさい。ただし，勘定記入は日付・相手科目・金額を示すこと。

取　引

8月15日　得意先北西商店が倒産し，前期から繰り越された同店に対する売掛金
　　　　¥40,000 が回収不能となったため，貸し倒れとして処理した。ただし，貸倒引当金勘定の残高は *¥63,000* である。

12月31日　決算にさいし，貸倒見積高は売掛金勘定勘定の残高 *¥940,000* の5％と見積もり，貸倒引当金を設定した。

〃日　貸倒引当金繰入勘定の残高 *¥24,000* を損益勘定に振り替えるとともに，貸倒引当金勘定と貸倒引当金繰入勘定を締め切った。

3月10日　得意先南東商店が倒産し，前期から繰り越された同店に対する売掛金
　　　　¥50,000 が回収不能となったため，貸し倒れとして処理した。ただし，貸倒引当金勘定の残高は *¥47,000* である。

解答欄

	借　　　　　方	貸　　　　　方
8/15		
12/31		
〃		
3/10		

貸 倒 引 当 金

		1/1 前 期 繰 越	63,000

貸 倒 引 当 金 繰 入

BASIS | **基本例題** 完全にマスターしよう

次の連続した取引の仕訳を示し，減価償却費勘定で記入して締め切りなさい。

取　引

1月1日　建物を¥850,000で購入し，代金は小切手を振り出して支払った。

12月31日　決算にさいし，残存価額零(0)，耐用年数25年の建物について，定額法により減価償却費を計算し，直接法で記帳した。　$\frac{¥850,000-¥0}{25年}=¥34,000$

〃日　減価償却費勘定の残高¥34,000を損益勘定へ振り替えた。

解答欄

	借	方	貸	方
12/31	建　　　　物	850,000	当 座 預 金	850,000
〃	減 価 償 却 費	34,000	建　　　　物	34,000
3/20	損　　　　益	34,000	減 価 償 却 費	34,000

減 価 償 却 費

12/31 建　　物 <u>34,000</u> | 12/31 損　　益 <u>34,000</u>

STEP 1 | **基本問題** 実力をアップしよう　　　　　　　　　　（解答⇨*p.17*）

次の連続した取引の仕訳を示し，減価償却費勘定に記入して締め切りなさい。

取　引

1月1日　備品を¥500,000で購入し，代金は小切手を振り出して支払った。

12月31日　決算にさいし，残存価額は取得原価の10％，耐用年数は10年の備品について，定額法により減価償却費を計算し，直接法で記帳した。

〃日　減価償却費勘定の残高¥45,000を損益勘定へ振り替えた。

解答欄

	借	方	貸	方
1 / 1				
12/31				
〃				

減 価 償 却 費

❖ 定額法による減価償却費の計算

$$\frac{取得原価-残存価額}{耐用年数}=1年分の減価償却費$$

$$\boxed{\textbf{STEP 2}}\rangle\rangle\quad \textbf{発展問題}\quad \textbf{チャレンジしよう}\qquad\qquad（解答⇨\textit{p.17}）$$

1. 次の減価償却費（1年分）の金額を計算しなさい。ただし，決算は年1回で定額法により計算する。

(1) 建　物　　取得原価　*¥1,200,000*　　耐用年数　15年　　残存価額　10%

(2) 備　品　　取得原価　*¥ 580,000*　　耐用年数　10年　　残存価額　零(0)

(3) 備　品　　取得原価　*¥ 850,000*　　耐用年数　5年　　残存価額　10%

〔解答欄〕

(1) 計算式 _____　*¥* _____

(2) 計算式 _____　*¥* _____

(3) 計算式 _____　*¥* _____

2. 東北商店（個人企業　決算年1回　12月31日）の決算整理仕訳を示し，備品勘定に必要な記入をおこない，締め切りなさい。ただし，勘定記入は，日付・相手科目・金額を示すこと。　　　　　　　　　　　　　　　　　　　　　（全商92回一部修正）

元帳勘定残高（一部）

　　備品　*¥534,000*

決算整理事項（一部）

　　備品減価償却高　取得原価*¥890,000*　残存価額は零(0)　耐用年数は5年とし，定額法により計算し，直接法で記帳している。

$$定額法による年間の減価償却費=\frac{取得原価-残存価額}{耐用年数}$$

〔解答欄〕

借	方	貸	方

		備	品		6
1/1	前　期　繰　越	534,000			

帳簿の締め切り（帳簿決算）

BASIS **基本例題** 完全にマスターしよう

　沖縄商店（個人企業　決算年1回）の次の勘定記録と決算整理事項等から，決算整理事項等の仕訳を示し，各勘定に転記して締め切りなさい。ただし，勘定記入は相手科目と金額のみを示すこと。

　総勘定元帳

現　　金		売　掛　金		貸倒引当金	
2,060,000	1,400,000	880,000	500,000		2,000

繰　越　商　品	備　品	買　掛　金	
230,000	500,000	450,000	700,000

資　本　金	売　　上	受取手数料
1,200,000	1,600,000	80,000

仕　　入	給　料	現金過不足
1,100,000	258,000	4,000

　決算整理事項

　　a．期末商品棚卸高　¥250,000

　　b．貸倒見積高　売掛金残高の5％と見積もり，貸倒引当金を設定する。

　　c．備品減価償却高　¥45,000（直接法による。）

　　d．現金過不足勘定の¥4,000は雑損とする。

貸倒引当金繰入の計算
（¥880,000－¥500,000）×0.05＝¥19,000
¥19,000－¥2,000＝¥17,000
　　　　　貸倒引当金の残高

解　答

		借　　　　方		貸　　　　方	
決算整理仕訳	a	仕　　　　入	230,000	繰　越　商　品	230,000
		繰　越　商　品	250,000	仕　　　　入	250,000
	b	貸倒引当金繰入	17,000	貸　倒　引　当　金	17,000
	c	減　価　償　却　費	45,000	備　　　　品	45,000
	d	雑　　　　損	4,000	現　金　過　不　足	4,000
決算振替仕訳	収益の振替	売　　　　上	1,600,000	損　　　　益	1,680,000
		受　取　手　数　料	80,000		
	費用の振替	損　　　　益	1,404,000	仕　　　　入	1,080,000
				給　　　　料	258,000
				貸倒引当金繰入	17,000
				減　価　償　却　費	45,000
				雑　　　　損	4,000
	純利益の振替	損　　　　益	276,000	資　　本　　金	276,000

決算整理仕訳→決算振替仕訳　→　決算整理仕訳　決算振替仕訳　→　収益・費用・損益　資産・負債・純資
　　　　仕訳帳　　　　　　　　　の　転　記　の　転　記　　　勘定の締め切り　産勘定の締め切り
　　　　　　　　　　　　　　　　　　　　総勘定元帳

現　　金			
2,060,000		1,400,000	
		次期繰越	660,000
2,060,000		2,060,000	

売　掛　金			
880,000		500,000	
		次期繰越	380,000
880,000		880,000	

貸　倒　引　当　金			
次期繰越	19,000	2,000	
		貸倒引当金繰入	17,000 b
		2,060,000	19,000

繰　越　商　品			
230,000		仕　入	230,000 a
a 仕　入	250,000	次期繰越	250,000
		480,000	480,000

備　　品			
500,000		減価償却費	45,000 c
		次期繰越	455,000
500,000		500,000	

買　掛　金			
		450,000	700,000
次期繰越	250,000		
700,000		700,000	

資　本　金			
次期繰越	1,476,000	1,200,000	
		損　益	276,000
1,476,000		1,476,000	

売　上			
損　益	1,600,000	1,600,000	

受　取　手　数　料			
損　益	80,000	80,000	

仕　入			
	1,100,000	繰越商品	250,000 a
a 繰越商品	230,000	損　益	1,080,000
	1,330,000	1,330,000	

給　料			
258,000		損　益	258,000

貸倒引当金繰入			
b 貸倒引当金	17,000	損　益	17,000

現　金　過　不　足			
4,000		雑　損	4,000 d

減　価　償　却　費			
c 備　品	45,000	損　益	45,000

雑　損			
c 現金過不足	4,000	損　益	4,000

損　益			
仕　入	1,080,000	売　上	1,600,000
給　料	258,000	受取手数料	80,000
貸倒引当金繰入	17,000		
減価償却費	45,000		
雑　損	4,000		
資　本　金	276,000		
	1,680,000	1,680,000	

損益勘定の摘要欄には，相手勘定科目が2つ以上ある
場合でも，「諸口」とはしないで，個別に相手勘定科目
を全部記入する。

❖	収益の振替	（借）	収益の勘定	××	（貸）	損　　益	××
❖	費用の振替	（借）	損　　益	××	（貸）	費用の勘定	××

STEP 1　基本問題　実力をアップしよう　（解答⇨p.17）

　関東商店（個人企業　決算年1回　12月31日）の総勘定元帳勘定残高と決算整理事項は，次のとおりであった。よって，

(1)　a．決算整理仕訳を示しなさい。

　　　b．収益と費用の勘定残高を損益勘定に振り替える仕訳を示しなさい。

　　　c．当期純利益を資本金勘定に振り替える仕訳を示しなさい。

(2)　貸倒引当金勘定および損益勘定に必要な記入をおこない，締め切りなさい。

　　ただし，勘定記入は，日付・相手科目・金額を示すこと。

総勘定元帳　　　（注）　総勘定元帳の記録は合計額で示してある。

現　　　　金　　1	当　座　預　金　　2	売　　掛　　金　　3
2,520,000 │ 2,130,000	5,480,000 │ 3,140,000	6,580,000 │ 5,380,000

繰　越　商　品　　4	備　　　　品　　5	買　　掛　　金　　6
690,000 │	656,000 │	3,250,000 │ 4,160,000

資　　本　　金　　7	売　　　　上　　8	受　取　手　数　料　　9
│ 4,000,000	50,000 │ 7,835,000	│ 75,000

仕　　　　入　　10	給　　　　料　　11	支　払　家　賃　　12
5,940,000 │	1,080,000 │	420,000 │

雑　　　　費　　13
54,000 │

決算整理事項

　　a．期末商品棚卸高　¥730,000

　　b．貸　倒　見　積　高　売掛金残高の5％と見積り，貸倒引当金を設定する。ただし，
　　　　　　　　　　　　　貸倒引当金勘定の残高は零(0)である。

　　c．備品減価償却高　取得原価¥800,000　残存価額は取得原価の10％　耐用年数
　　　　　　　　　　　　は10年とし，定額法により計算し，直接法で記帳している。

$$定額法による年間の減価償却費 = \frac{取得原価 - 残存価額}{耐用年数}$$

	損	益	
費用の 諸勘定残高		収益の 諸勘定残高	
	純利益 {		

❖　純利益の振替

　（借）損　　益　××　　　（貸）資本金　××

解答欄

(1)

a.

借　　　　　　方	貸　　　　　　方
a	
b	
c	

b.

借　　　　　　方	貸　　　　　　方

c.

借　　　　　　方	貸　　　　　　方

(2)

貸　倒　引　当　金　　　　　　　　　　14

損　　　　　　　益　　　　　　　　　　15

12/31 仕　　　　　　入	12/31 売　　　　　上

精 算 表 の 作 成

BASIS 　**基本例題**　完全にマスターしよう

　沖縄商店（個人企業　決算年1回　12月31日）の総勘定元帳残高と決算整理事項等は，次のとおりであった。よって，

(1)　決算整理事項等の仕訳を示しなさい。

(2)　精算表を完成しなさい。

　　元帳勘定残高

現　　　　金	¥ 132,000	当 座 預 金	¥ 720,000	売 掛 金	¥ 252,000
繰 越 商 品	390,000	前 払 金	30,000	備　　品	375,000
買 掛 金	350,000	借 入 金	120,000	資 本 金	1,300,000
売　　上	1,520,000	仕 入	1,150,000	給 料	160,000
支 払 家 賃	64,000	雑 費	12,000	支 払 利 息	3,000
現金過不足 （借方残高）	2,000				

　　決算整理事項等

　　　a．期末商品棚卸高　¥380,000

　　　b．貸 倒 見 積 高　<u>売掛金残高の5％</u>と見積もり，貸倒引当金を設定する。
　　　　　　　　　　　　　¥252,000×5%＝¥12,600
　　　　　　　　　　　　ただし，貸倒引当金勘定の残高は零(0)である。

　　　c．備品減価償却高　取得原価¥500,000　残存価額は取得原価の10%　耐
　　　　　用年数は18年とし，定額法により計算し，直接法で記帳している。
　　　　　　　　　　　　　　　　　　　　　$\frac{¥500,000-¥50,000}{18年}=¥25,000$

　　　　　定額法による年間の減価償却費＝$\frac{取得原価-残存価額}{耐用年数}$

　　　d．現金過不足勘定の¥2,000は雑損とする。

解 答

(1)

	借　　　　方		貸　　　　方	
a	仕　　　　　入	390,000	仕　　　　　入	390,000
	繰 越 商 品	380,000	繰 越 商 品	380,000
b	貸倒引当金繰入	12,600	貸 倒 引 当 金	12,600
c	減 価 償 却 費	25,000	備　　　　　品	25,000
d	雑　　　　　損	2,000	現 金 過 不 足	2,000

(2)

残高試算表の勘定科目と金額を書き移す。

精　算　表

勘定科目	残高試算表 借方	残高試算表 貸方	整理記入 借方	整理記入 貸方	損益計算書 借方	損益計算書 貸方	貸借対照表 借方	貸借対照表 貸方
現　　　　金	132,000						132,000	
当 座 預 金	720,000						720,000	
売 掛 金	252,000						252,000	
繰 越 商 品	390,000		380,000	390,000			380,000	
前 払 金	30,000						30,000	
備　　　　品	375,000			25,000			350,000	
買 掛 金		350,000						350,000
借 入 金		120,000						120,000
資 本 金		1,300,000						1,300,000
売　　　　上		1,520,000				1,520,000		
仕　　　　入	1,150,000		390,000	380,000	1,160,000			
給　　　　料	160,000				160,000			
支 払 家 賃	64,000				64,000			
雑　　　　費	12,000				12,000			
支 払 利 息	3,000				3,000			
現 金 過 不 足	2,000			2,000				
貸倒引当金繰入			12,600		12,600			
貸 倒 引 当 金				12,600				12,600
減 価 償 却 費			25,000		25,000			
雑　　　　損			2,000		2,000			
当 期 純 利 益					81,400			81,400
	3,290,000	3,290,000	809,600	809,600	1,520,000	1,520,000	1,864,000	1,864,000

決算整理仕訳で新たに必要となった勘定科目を追加する。

決算整理仕訳を記入する。

貸借の差額を当期純利益として記入する。この場合，損益計算書欄には赤記する。

　鹿児島商店（個人企業　決算年１回　12月31日）の総勘定元帳勘定残高と決算整理事項等は，次のとおりであった。よって，精算表を完成しなさい。

決算整理事項等

　　a．期末商品棚卸高　¥957,000

　　b．貸 倒 見 積 高　売掛金残高の５％と見積り，貸倒引当金を設定する。

　　c．備品減価償却高　取得原価¥1,200,000　残存価額は零(0)　耐用年数は８年
　　　　　　　　　　　とし，定額法により計算し，直接法で記帳している。

$$定額法による年間の減価償却費 = \frac{取得原価 - 残存価額}{耐用年数}$$

　　d．現金過不足勘定の¥16,000 は雑損とする。

覚えよう

❖　　８けた精算表の整理記入欄の処理

精　算　表

試算表		整理記入	
借方	貸方	借方	貸方
A		B	
C			D
E		F	G
	H		I
J		K	
L	M		N

A＋B
C－D
E＋F－G
H＋I
J－K
L－M＋N

計算結果を，それぞれの勘定科目の性質に応じて，損益計算書欄または貸借対照表欄に記入する。

精　算　表

令和○年12月31日

勘 定 科 目	試　算　表		整 理 記 入		損 益 計 算 書		貸 借 対 照 表	
	借　方	貸　方	借　方	貸　方	借　方	貸　方	借　方	貸　方
現　　　　　金	998,000							
当 座 預 金	1,872,000							
売 　 掛 　 金	2,760,000							
貸 倒 引 当 金		13,000						
繰 越 商 品	1,163,000							
貸 　 付 　 金	1,400,000							
備 　 　 　 品	900,000							
買 　 掛 　 金		2,380,000						
前 　 受 　 金		262,000						
資 　 本 　 金		5,000,000						
売 　 　 　 上		11,952,000						
受 取 利 息		61,000						
仕 　 　 　 入	8,374,000							
給 　 　 　 料	1,590,000							
広 　 告 　 料	78,000							
支 払 家 賃	480,000							
雑 　 　 　 費	37,000							
現 金 過 不 足	16,000							
	19,668,000	19,668,000						
（　　　　　　）								
（　　　　　　）								
（　　　　　　）								
（　　　　　　）								

STEP 2 発展問題 チャレンジしよう （解答⇨*p.19*）

1. 北陸商店（個人企業 決算年1回 12月31日）の決算整理事項等は次のとおりで
あった。よって， （全商80回一部修正）

(1) 精算表を完成しなさい。

(2) 貸倒引当金勘定に必要な記入をおこない，締め切りなさい。ただし，勘定記入は，
日付・相手科目・金額を示すこと。

決算整理事項等

　　a．期末商品棚卸高　￥648,000

　　b．貸 倒 見 積 高　売掛金残高の2％と見積り，貸倒引当金を設定する。

　　c．備品減価償却高　取得原価￥1,260,000　残存価額は零(0)　耐用年数は6年
　　　　　　　　　　　　とし，定額法により計算し，直接法で記帳している。

$$定額法による年間の減価償却費 = \frac{取得原価-残存価額}{耐用年数}$$

　　d．現金過不足勘定の￥2,000 は雑益とする。

解答欄

(1)

精　算　表

令和○年12月31日

勘定科目	残高試算表		整理記入		損益計算書		貸借対照表	
	借　方	貸　方	借　方	貸　方	借　方	貸　方	借　方	貸　方
現　　　　金	451,000							
当 座 預 金	1,240,000							
売 　掛　 金	1,500,000							
貸 倒 引 当 金		6,000						
繰 越 商 品	594,000							
前 　払　 金	300,000							
備　　　　品	840,000							
支 払 手 形		830,000						
買 　掛　 金		972,000						
資 　本　 金		2,700,000						
売　　　　上		9,450,000						
受 取 手 数 料		89,000						
仕　　　　入	6,858,000							
給　　　　料	1,356,000							
支 払 家 賃	828,000							
消 耗 品 費	64,000							
雑　　　　費	18,000							
現 金 過 不 足		2,000						
	14,049,000	14,049,000						
(　　　　)								
(　　　　)								
(　　　　)								
(　　　　)								

(2)

貸　倒　引　当　金　　　　　　　　　　4

6/6 売　掛　金	20,000	1/1 前 期 繰 越	26,000

STEP 2 発展問題 チャレンジしよう （解答⇨*p.20*）

2. 沖縄商店（個人企業　決算年1回　12月31日）の決算整理事項等は次のとおりであった。よって、 （全商86回一部修正）

(1) 精算表を完成しなさい。

(2) 備品勘定に必要な記入をおこない、締め切りなさい。ただし、勘定記入は、日付・相手科目・金額を示すこと。

決算整理事項等

a. 期末商品棚卸高　*¥789,000*

b. 貸 倒 見 積 高　売掛金残高の2％と見積り、貸倒引当金を設定する。

c. 備品減価償却高　取得原価*¥1,280,000*　残存価額は零(0)　耐用年数は8年とし、定額法により計算し、直接法で記帳している。

$$定額法による年間の減価償却費 = \frac{取得原価 - 残存価額}{耐用年数}$$

d. 現金過不足勘定の*¥4,000*は雑益とする。

解答欄

(1)
精　算　表
令和○年12月31日

勘定科目	残高試算表 借方	残高試算表 貸方	整理記入 借方	整理記入 貸方	損益計算書 借方	損益計算書 貸方	貸借対照表 借方	貸借対照表 貸方
現　　　　金	462,000							
当 座 預 金	1,231,000							
売　掛　金	2,600,000							
貸 倒 引 当 金		2,000						
繰 越 商 品	654,000							
備　　　　品	480,000							
支 払 手 形		721,000						
買　掛　金		1,352,000						
前　受　金		490,000						
資　本　金		2,500,000						
売　　　　上		9,160,000						
受 取 手 数 料		27,000						
仕　　　　入	6,412,000							
給　　　料	1,296,000							
支 払 家 賃	864,000							
水 道 光 熱 費	239,000							
雑　　　　費	18,000							
現 金 過 不 足		4,000						
	14,256,000	14,256,000						
（　　　　　）								
（　　　　　）								
（　　　　　）								
（　　　　　）								

(2)
備　　　品　　　　　　　　6

1/1 前 期 繰 越	480,000		

発展問題　チャレンジしよう　　　　　　　　　　（解答⇨**p.21**）

3. 福岡商店（個人企業　決算年1回　12月31日）の残高試算表と決算整理事項等は，次のとおりであった。

よって，　　　　　　　　　　　　　　　　　　　　　　　　　　　　　　（全商90回）

(1) 精算表を完成しなさい。

(2) 固定資産売却益勘定に必要な記入をおこない，締め切りなさい。ただし，勘定記入は，日付・相手科目・金額を示すこと。

残 高 試 算 表
令和○年12月31日

借　　方	元丁	勘 定 科 目	貸　　方
850,000	1	現　　　　　金	
1,310,000	2	当 座 預 金	
600,000	3	売　　掛　　金	
	4	貸 倒 引 当 金	9,000
398,000	5	繰 越 商 品	
1,500,000	6	備　　　　　品	
	7	支 払 手 形	468,000
	8	買　　掛　　金	715,000
	9	資　　本　　金	2,775,000
	10	売　　　　　上	5,907,000
	11	固定資産売却益	98,000
3,539,000	12	仕　　　　　入	
1,128,000	13	給　　　　　料	
480,000	14	支 払 家 賃	
132,000	15	水 道 光 熱 費	
24,000	16	消 耗 品 費	
15,000	17	雑　　　　　費	
	18	現 金 過 不 足	4,000
9,976,000			9,976,000

決算整理事項等

a. 期末商品棚卸高　₩427,000

b. 貸 倒 見 積 高　売掛金残高の2％と見積り，貸倒引当金を設定する。

c. 備品減価償却高　取得原価₩2,500,000　残存価額は零(0)　耐用年数は5年とし，定額法により計算し，直接法で記帳している。

$$定額法による年間の減価償却費 = \frac{取得原価 - 残存価額}{耐用年数}$$

d. 現金過不足勘定の₩4,000は雑益とする。

解答欄

(1)

精　算　表
令和〇年12月31日

勘 定 科 目	残 高 試 算 表		整 理 記 入		損 益 計 算 書		貸 借 対 照 表	
	借　方	貸　方	借　方	貸　方	借　方	貸　方	借　方	貸　方
現　　　　金								
当 座 預 金								
売 　掛 　金								
貸 倒 引 当 金								
繰 越 商 品								
備 　　　品								
支 払 手 形								
買 　掛 　金								
資 　本 　金								
売 　　　上								
固 定 資 産 売 却 益								
仕 　　　入								
給 　　　料								
支 払 家 賃								
水 道 光 熱 費								
消 耗 品 費								
雑 　　　費								
現 金 過 不 足								
貸 倒 引 当 金 繰 入								
減 価 償 却 費								
雑 　　　益								
当 期 純 利 益								

(2)

固 定 資 産 売 却 益　　　　　　　　　11

	11/16 当 座 預 金	*98,000*

財務諸表の作成

　群馬商店（個人企業　決算年1回　12月31日）の残高試算表と決算整理事項は，次のとおりであった。よって，

(1)　決算整理仕訳を示しなさい。

(2)　資本金勘定に必要な記入をおこない，締め切りなさい。ただし，勘定記入は日付・相手科目・金額を示すこと。

(3)　貸借対照表と損益計算書を完成しなさい。

残 高 試 算 表
令和○年12月31日

借　　方	元丁	勘 定 科 目	貸　　方
500,000	1	現　　　　　金	
550,000	2	当 座 預 金	
490,000	3	売 　掛 　金	
	4	貸 倒 引 当 金	3,000
410,000	5	繰 越 商 品	
300,000	6	備　　　　　品	
	7	支 払 手 形	137,000
	8	買 　掛 　金	420,000
	9	資 　本 　金	1,500,000
	10	売　　　　　上	3,800,000
2,700,000	11	仕　　　　　入	
910,000	12	支 払 家 賃	
5,860,000			5,860,000

　決算整理事項

　　a．期末商品棚卸高　*¥380,000*

　　b．貸 倒 見 積 高　売掛金残高の5％と見積もり，貸倒引当金を設定する。

　　c．備品減価償却高　*¥27,000*（直接法による。）*¥490,000×5%－¥3,000＝¥21,500*

覚えよう

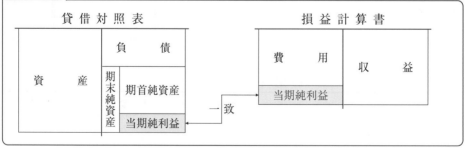

解答

(1)

	借 方		貸 方	
a	仕 入	410,000	繰 越 商 品	410,000
	繰 越 商 品	380,000	仕 入	380,000
b	貸 倒 引 当 金 繰 入	21,500	貸 倒 引 当 金	21,500
c	減 価 償 却 費	27,000	備 品	27,000

(2)

資 本 金

12/31 次期繰越	1,611,500	1/1 前期繰越	1,500,000
		12/31 損 益	111,500
	1,611,500		1,611,500

(3)

貸 借 対 照 表

群馬商店　　　　　　　　令和○年12月31日　　　　　　　　（単位：円）

資 産		金 額	負債および純資産	金 額
現 金		500,000	支 払 手 形	137,000
当 座 預 金		550,000	買 掛 金	420,000
売 掛 金	490,000		資 本 金	1,500,000
貸倒引当金	24,500	465,500	当 期 純 利 益	111,500
商 品		380,000		
備 品		273,000		
		2,168,500		2,168,500

貸倒引当金勘定は貸方残高であるが、売掛金から差し引く形式で示す。

繰越商品勘定は「商品」として表示する。

損 益 計 算 書

群馬商店　　　　令和○年1月1日から令和○年12月31日まで　　　　（単位：円）

費 用	金 額	収 益	金 額
売 上 原 価	2,730,000	売 上 高	3,800,000
支 払 家 賃	910,000		
貸 倒 引 当 金 繰 入	21,500		
減 価 償 却 費	27,000		
当 期 純 利 益	111,500		
	3,800,000		3,800,000

赤記する。

仕入勘定の残高は，売上原価であるから「売上原価」と表示する。

❖ **減価償却費の記帳（直接法）** 減価償却費を減価償却費勘定の借方に記入するとともに，その固定資産の勘定の貸方に記入する。つまり，減価償却費を固定資産の勘定から直接差し引くのである。

1. 兵庫商店（個人企業 決算年1回 12月31日）の総勘定元帳勘定残高と決算整理事項等は，次のとおりであった。よって，

⑴ 決算整理仕訳を示しなさい。

⑵ 損益勘定に必要な記入をおこない，締め切りなさい。ただし，勘定記入は日付・相手科目・金額を示すこと。

⑶ 貸借対照表を完成しなさい。

元帳勘定残高

現　　　　金	¥ 450,000	当 座 預 金	¥ 500,000	売　掛　金	¥1,500,000
貸倒引当金	5,000	繰 越 商 品	800,000	備　　　品	700,000
買　掛　金	1,200,000	前　受　金	45,000	資　本　金	2,500,000
売　　　上	2,800,000	受取手数料	140,000	仕　　　入	2,200,000
給　　　料	360,000	支 払 家 賃	160,000	雑　　　費	19,000
現金過不足 （借方残高）	1,000				

決算整理事項等

　　ａ．期末商品棚卸高　¥870,000

　　ｂ．貸 倒 見 積 高　売掛金残高の5％と見積り，貸倒引当金を設定する。

　　ｃ．備品減価償却高　取得原価¥700,000　残存価額は零(0)　耐用年数は10年とし，定額法により計算し，直接法で記帳している。

$$定額法による年間の減価償却費＝\frac{取得原価－残存価額}{耐用年数}$$

　　ｄ．現金過不足勘定の¥1,000は雑損とする。

❖ 現金過不足勘定借方残高は，現金不足額をあらわす。（雑損勘定に振替）
❖ 現金過不足勘定貸方残高は，現金過剰額をあらわす。（雑益勘定に振替）

解答欄

(1)

	借　　　　　方	貸　　　　　方
a		
b		
c		
d		

(2)

損　　　　　　益

12/31 仕　　　　　入		12/31 売　　　　　上	
〃 給　　　料		〃 （　　　　　）	
〃 支　払　家　賃			
〃 雑　　　　費			
〃 （　　　　　）			
〃 （　　　　　）			
〃 （　　　　　）			
〃 資　　本　　金			

(3)

貸　借　対　照　表

兵庫商店　　　　　　令和○年12月31日　　　　　　（単位：円）

資　　　　産	金　　額	負債および純資産	金　　額
現　　　金		買　掛　金	
当　座　預　金		（　　　　　）	
（　　　）（　　　）		資　本　金	
（　　　）（　　　）		（　　　　　）	
商　　　品			
備　　　品			

2. 東北商店（個人企業　決算年1回　12月31日）の総勘定元帳勘定残高と決算整理事項等は，次のとおりであった。よって，　　　　　　　　　　　　（全商92回）

(1) 決算整理事項等の仕訳を示しなさい。

(2) 備品勘定および支払利息勘定に必要な記入をおこない，締め切りなさい。ただし，勘定記入は日付・相手科目・金額を示すこと。

(3) 損益計算書を完成しなさい。

元帳勘定残高

現　　　金	¥1,597,000	当座預金	¥1,615,000	売　掛　金	¥2,850,000
貸倒引当金	3,000	繰越商品	590,000	備　　　品	534,000
支払手形	250,000	買　掛　金	1,481,000	借　入　金	1,500,000
資　本　金	3,412,000	売　　　上	9,847,000	受取手数料	26,000
仕　　　入	6,307,000	給　　　料	1,968,000	支払家賃	912,000
通　信　費	84,000	消耗品費	37,000	雑　　　費	9,000
支払利息	18,000	現金過不足 （貸方残高）	2,000		

決算整理事項等

　a. 期末商品棚卸高　¥610,000

　b. 貸倒見積高　売掛金残高の2％と見積り，貸倒引当金を設定する。

　c. 備品減価償却高　取得原価¥890,000　残存価額は零(0)　耐用年数は5年とし，定額法により計算し，直接法で記帳している。

$$定額法による年間の減価償却費＝\frac{取得原価－残存価額}{耐用年数}$$

　d. 現金過不足勘定の¥2,000は雑益とする。

❖ 貸借対照表に記載する固定資産の価額＝期首の固定資産の価額－当期の減価償却高

解答欄

(1)

	借　　　　方	貸　　　　方
a		
b		
c		
d		

(2) (注意) 勘定には，日付・相手科目・金額を記入し，締め切ること。

			備　　　　品			6
1/1	前　期　繰　越	534,000				

			支　払　利　息			19
6/30	現　　　　金	9,000				
12/31	現　　　　金	9,000				

(3)

損　益　計　算　書

東北商店　　　　　令和○年1月1日から令和○年12月31日まで　　　　　（単位：円）

費　　　用	金　　額	収　　　益	金　　額
売　上　原　価		（　　　　　）	
給　　　料		受　取　手　数　料	
（　　　　　）		（　　　　　）	
（　　　　　）			
支　払　家　賃			
通　信　費			
消　耗　品　費			
雑　　　費			
支　払　利　息			
（　　　　　）			

発展問題 チャレンジしよう　　　　　　　　　　　　（解答⇨**p.22**）

1. 北陸商店（個人企業　決算年1回　12月31日）の総勘定元帳勘定残高と決算整理
   事項等は，次のとおりであった。よって，　　　　　　　　　　　　（全商91回）
   (1) 決算整理事項等の仕訳を示しなさい。
   (2) 売上勘定に必要な記入をおこない，締め切りなさい。ただし，勘定記入は日付・
       相手科目・金額を示すこと。
   (3) 貸借対照表を完成しなさい。

   元帳勘定残高

現　　　金	¥782,000	当座預金	¥1,436,000	売　掛　金	¥1,850,000
貸倒引当金	6,000	繰越商品	820,000	貸　付　金	1,600,000
備　　　品	675,000	買　掛　金	1,480,000	前　受　金	230,000
資　本　金	4,520,000	売　　　上	9,572,000	受取利息	32,000
仕　　　入	6,935,000	給　　　料	1,320,000	支払利息	240,000
消耗品費	72,000	雑　　　費	106,000	現金過不足（借方残高）	4,000

   決算整理事項等

   a．期末商品棚卸高　　¥740,000
   b．貸 倒 見 積 高　売掛金残高の2％と見積り，貸倒引当金を設定する。
   c．備品減価償却高　取得原価¥1,350,000　残存価額は零(0)　耐用年数は6年と
   　　　　　　　　　　し，定額法により計算し，直接法で記帳している。

$$定額法による年間の減価償却費＝\frac{取得原価－残存価額}{耐用年数}$$

   d．現金過不足勘定の¥4,000は雑損とする。

```
              仕       入              仕入返品値引高        （借） 仕    入 ×× （貸） 繰越商品 ××……①
                                   ┌─────────────┐
      仕   入   高              │振 り 替 え る│②    （借） 繰越商品 ×× （貸） 仕    入 ××……②
                                   │期末商品棚卸高│
   ┌──────────┐            └─────────────┘
  ①│振 り 替 え ら れ た│
   │期首商品棚卸高    │
   └──────────┘
```

解答欄

(1)

	借　　　　方	貸　　　　方
a		
b		
c		
d		

(2) （注意） i　売上勘定の記録は，合計額で示してある。

　　　　　　 ii　勘定には，日付・相手科目・金額を記入し，締め切ること。

```
                          売            上                            11
              129,000                           9,701,000
   ────────────────────────────────────────
   ────────────────────────────────────────
   ────────────────────────────────────────
```

(3)

貸 借 対 照 表

北陸商店　　　　　　　　令和○年12月31日　　　　　　　　（単位：円）

資　　　産	金　額	負債および純資産	金　額
現　　　　金		買　掛　金	
当 座 預 金		（　　　　）	
売 掛 金（　　　）		資　本　金	
貸倒引当金（　　　）		（　　　　）	
（　　　　）			
貸　付　金			
備　　　　品			

2. 四国商店（個人企業 決算年1回 12月31日）の総勘定元帳勘定残高と決算整理 事項等は，次のとおりであった。よって， （全商89回）

⑴ 決算整理事項等の仕訳を示しなさい。

⑵ 資本金勘定を完成しなさい。なお，損益勘定から資本金勘定に振り替える当期純 利益の金額は*¥202,000* である。

⑶ 損益計算書を完成しなさい。

元帳勘定残高

現 金	*¥ 263,000*	当 座 預 金	*¥1,467,000*	売 掛 金	*¥1,300,000*
貸倒引当金	*2,000*	繰 越 商 品	*600,000*	貸 付 金	*1,600,000*
備 品	*900,000*	支 払 手 形	*1,200,000*	買 掛 金	*1,432,000*
前 受 金	*146,000*	資 本 金	*2,934,000*	売 上	*10,600,000*
受 取 利 息	*32,000*	仕 入	*6,390,000*	給 料	*2,070,000*
支 払 家 賃	*1,440,000*	広 告 料	*123,000*	通 信 費	*96,000*
消 耗 品 費	*58,000*	雑 費	*36,000*	現金過不足 （借方残高）	*3,000*

決算整理事項等

a．期末商品棚卸高 *¥560,000*

b．貸 倒 見 積 高 売掛金残高の2％と見積り，貸倒引当金を設定する。

c．備品減価償却高 取得原価*¥1,200,000* 残存価額は零(0) 耐用年数は8年と し，定額法により計算し，直接法で記帳している。

$$定額法による年間の減価償却費＝\frac{取得原価－残存価額}{耐用年数}$$

d．現金過不足勘定の*¥3,000* は雑損とする。

解答欄

(1)

	借　　　　方	貸　　　　方
a		
b		
c		
d		

(2)

資　　本　　金　　　　　　　　　　　　　11

12/31 （　　　　　　）	（　　　　　　）	1/1 前 期 繰 越	2,934,000
		12/13 （　　　　　）	（　　　　　）
	（　　　　　）		（　　　　　）

(3)

損　益　計　算　書

四国商店　　　　　令和○年1月1日から令和○年12月31日まで　　　　（単位：円）

費　　　　用	金　　額	収　　　　益	金　　額
売 上 原 価		（　　　　　　　）	
給　　　　料		受 取 利 息	
（　　　　　　）			
（　　　　　　）			
支 払 家 賃			
広　　告　　料			
通　　信　　費			
消 耗 品 費			
雑　　　　費			
雑　　　　損			
（　　　　　　）			

3.　近畿商店（個人企業　決算年1回　12月31日）の残高試算表と決算整理事項等は，次のとおりであった。

よって，

(1)　決算整理事項等の仕訳を示しなさい。

(2)　現金勘定および仕入勘定に必要な記入をおこない，締め切りなさい。ただし，勘定記入は，日付・相手科目・金額を示すこと。

(3)　借対照表を完成しなさい。

残　高　試　算　表
令和○年12月31日

借　　方	元丁	勘定科目	貸　　方
293,000	1	現　　　金	
1,710,000	2	当 座 預 金	
2,580,000	3	売 　掛 　金	
	4	貸倒引当金	36,000
725,000	5	繰 越 商 品	
256,000	6	備　　　品	
	7	支 払 手 形	1,200,000
	8	買 　掛 　金	560,000
	9	借 　入 　金	250,000
	10	資 　本 　金	3,000,000
	11	売　　　上	8,695,000
6,073,000	12	仕　　　入	
1,380,000	13	給　　　料	
432,000	14	支 払 家 賃	
126,000	15	消 耗 品 費	
143,000	16	雑　　　費	
15,000	17	支 払 利 息	
8,000	18	現 金 過 不 足	
13,741,000			13,741,000

決算整理事項等

a．期末商品棚卸高　￥694,000

b．貸倒見積高　売掛金残高の5％と見積り，貸倒引当金を設定する。

c．備品減価償却高　取得原価￥400,000　残存価額は取得原価の10％　耐用年数は10年とし，定額法により計算し，直接法で記帳している。

定額法による年間の減価償却費

$$= \frac{取得原価 - 残存価額}{耐用年数}$$

d．現金過不足勘定の￥8,000は雑損とする。

解答欄

(1)

	借　　　　　　方	貸　　　　　　方
a		
b		
c		
d		

(2) （注意）　総勘定元帳の記録は合計額で示してある。

現　　　金		1
840,000		547,000

仕　　　入		12
6,094,000		21,000

(3)

貸　借　対　照　表

近畿商店　　　　　　令和○年12月31日

資　　　　　産		金　　　額	負債および純資産	金　　　額
現　　　　　金			（　　　　　）	
（　　　　　　）			（　　　　　）	
売　　掛　　金	2,580,000		借　　入　　金	
（　　　　）	（　　　　）		資　　本　　金	
商　　　　　品			（　　　　　）	
備　　　　　品				

伝票の利用

BASIS 基本例題 完全にマスターしよう

次の取引を入金伝票・出金伝票・振替伝票のうち，必要な伝票に記入しなさい。

取　引

1月11日　商品売買の仲介をおこない，千葉商店から手数料として現金 ¥60,000
　　　　　を受け取った。　　　　　　　　　　　　　　　　　　　（伝票番号No.33）

　　〃日　事務用のパーソナルコンピュータ ¥230,000 を買い入れ，代金は1
　　　　　月31日に支払うことにした。　　　　　　　　　　　　（伝票番号No.18）

　　〃日　群馬新聞店に折り込み広告代金として，¥45,000 を現金で支払った。
　　　　　　　　　　　　　　　　　　　　　　　　　　　　　　（伝票番号No.60）

解　答　　貸方勘定科目を記入する。

入 金 伝 票				
令和○年1月11日			No. 33	
科目	受取手数料	入金先	千葉商店 殿	
摘　　　要			金　額	
商品売買の仲介手数料			6 0 0 0 0	
合　　　計			6 0 0 0 0	

出 金 伝 票				
令和○年1月11日			No. 60	
科目	広告料	支払先	群馬新聞店 殿	
摘　　　要			金　額	
折り込み広告料			4 5 0 0 0	
合　　　計			4 5 0 0 0	

振 替 伝 票					
令和○年1月11日				No. 18	
勘 定 科 目	借　方	勘 定 科 目	貸　方		
備　　品	2 3 0 0 0 0	未　払　金	2 3 0 0 0 0		
合　　計	2 3 0 0 0 0	合　　計	2 3 0 0 0 0		
摘要	事務用のパーソナルコンピュータを買い入れ，代金は1月31日払い				

伝票番号の記入を忘れない。

覚えよう

- ✤　入金伝票には，入金取引を記入する。
- ✤　出金伝票には，出金取引を記入する。
- ✤　振替伝票には，入金取引・出金取引以外の取引を記入する。

❖ 入金取引 （借）現 金 ×× （貸）相手科目 ××
❖ 出金取引 （借）相手科目 ×× （貸）現 金 ××

STEP 1 　 **基本問題** 実力をアップしよう 　　　　　　（解答⇨*p.24*）

宮崎商店の次の取引を入金伝票・出金伝票・振替伝票のうち，必要な伝票に記入しなさい。

取　引

1月7日　大分商店から借用証書によって¥*200,000* を借り入れ，同店振り出しの小切手＃13を受け取った。（伝票番号No.10）

〃日　九州銀行に定期預金として小切手＃21¥*400,000* を振り出して預け入れた。（伝票番号No.17）

〃日　長崎商店から商品陳列用ケース¥*210,000* を買い入れ，代金は現金で支払った。（伝票番号No.12）

解答欄

入　金　伝　票		
令和○年　月　日		No.____
科目	入金先	殿
摘　　　　要	金　　額	
合　　計		

出　金　伝　票		
令和○年　月　日		No.____
科目	支払先	殿
摘　　　　要		
合　　計		

振　替　伝　票			
令和○年　月　日			No.____
勘　定　科　目	借　　方	勘　定　科　目	貸　　方
合　　計		合　　計	
摘要			

❖ 出金取引は，貸方科目が「現金」にきまっているので，出金伝票の科目欄には，借方科目（相手科目）を記入する。

STEP 2 **発展問題** チャレンジしよう （解答⇨**p.24**）

1. 栃木商店の次の取引を入金伝票・出金伝票・振替伝票のうち，必要な伝票に記入しなさい。 （全商83回・87回・92回一部修正）

4月26日 商品売買の仲介をおこない，足利商店から手数料として現金¥23,000 を受け取った。 （伝票番号No.17）

〃日 宇都宮商店に対する買掛金の支払いとして，さきに得意先佐野商店から受け取っていた約束手形＃5 ¥390,000 を裏書譲渡した。 （伝票番号No.32）

〃日 小山郵便局で郵便切手¥7,000 を買い入れ，代金は現金で支払った。 （伝票番号No.15）

解答欄

入 金 伝 票			
令和○年 月 日		No.____	
科目	入金先		殿
摘 要		金 額	
合 計			

出 金 伝 票			
令和○年 月 日		No.____	
科目	支払先		殿
摘 要			
合 計			

振 替 伝 票					
令和○年 月 日				No.____	
勘 定 科 目	借 方	勘 定 科 目	貸 方		
合 計		合 計			
摘要					

❖ 入金取引は，借方科目が「現金」にきまっているので，入金伝票の科目欄には，借方科目（相手科目）を記入する。

2. 東西商店の次の取引を入金伝票・出金伝票・振替伝票のうち，必要な伝票に記入しなさい。 （全商85回・90回・91回一部修正）

6月18日　和歌山商店に借用証書によって借り入れていた¥500,000 を小切手♯11を振り出して返済した。 （伝票番号No.26）

〃日　奈良商店から商品の注文を受け，内金として現金¥48,000 を受け取った。 （伝票番号No.13）

〃日　京都郵便局で郵便切手¥9,000 を買い入れ，代金は現金で支払った。 （伝票番号No.30）

解答欄

入 金 伝 票			
令和○年　月　日			No.＿＿
科目		入金先	殿
摘　　要		金　額	
合　計			

出 金 伝 票			
令和○年　月　日			No.＿＿
科目		支払先	殿
摘　　要			
合　計			

振 替 伝 票				
令和○年　月　日				No.＿＿
勘 定 科 目	借　方	勘 定 科 目	貸　方	
合　計		合　計		
摘要				

計算問題（その１）

次の各文の ☐ に入る金額を求めなさい。

(1) 期首の資産総額が¥3,000,000 負債総額は¥2,000,000 であった。当期純利益が¥200,000 で，期末の負債総額が¥2,500,000 であるとき，期末の資産総額は ☐ ア ☐ である。

ア
¥ 3,700,000

ア．¥3,000,000－¥2,000,000＝¥1,000,000（期首純資産）
¥1,000,000＋¥200,000＝¥1,200,000（期末純資産）
¥1,200,000＋¥2,500,000＝¥3,700,000（期末の資産総額）

(2) 期首の資産総額が¥6,000,000 であった。当期純利益が¥300,000 で，期末の資産総額が¥6,500,000 負債総額が¥2,500,000 であるとき，期首の負債総額は ☐ イ ☐ である。

イ
¥ 2,300,000

イ．¥6,500,000－¥2,500,000＝¥4,000,000（期末純資産）
¥4,000,000－¥300,000＝¥3,700,000（期首純資産）
¥6,000,000－¥3,700,000＝¥2,300,000（期末の負債総額）

(3) 期間中の収益総額が¥400,000 費用総額が¥280,000 であるとき，当期純利益は ☐ ウ ☐ である。

ウ
¥ 120,000

ウ．¥400,000－¥280,000＝¥120,000（当期純利益）

(4) 期間中の費用総額が¥550,000 当期純損失が¥70,000 であるとき，期間中の収益総額は ☐ エ ☐ である。

エ
¥ 480,000

エ．¥550,000－¥70,000＝¥480,000（当期の収益総額）

(5) 石川商店の期首の資産総額は¥3,100,000 であり，期末の資産総額は¥3,700,000 負債総額は¥1,050,000 であった。期間中の収益総額が¥5,500,000 費用総額が¥4,850,000 であるとき，当期純利益は ☐ オ ☐ で，期首の負債総額は ☐ カ ☐ である。

オ	カ
¥ 650,000	¥ 1,100,000

オ．¥5,500,000－¥4,850,000＝¥650,000（当期純利益）
カ．¥3,700,000－¥1,050,000＝¥2,650,000（期末純資産）
¥2,650,000－¥650,000＝¥2,000,000（期首純資産）
¥3,100,000－¥2,000,000＝¥1,100,000（期首の負債総額）

覚えよう

✚ 資 産 ＝ 負 債 ＋ 純 資 産
✚ 収益合計 － 費用合計 ＝ 当期純利益
✚ 期首純資産 ＋ 当期純利益 ＝ 期末純資産

貸借対照表(期首)		貸借対照表(期末)		損益計算書	
資　産 （期　首）	負債(期首)	資　産 （期　末）	負　債 （期　末）	費　用	収　益
	純資産(期首)		期末純資産：期首純資産／当期純利益	当期純利益	

（解答⇨p.25）

STEP 1 ）　**基本問題**　実力をアップしよう

次の各文の ☐ に入る金額を求めなさい。

(1) 三重商店（個人企業）の期首の資産総額は¥4,750,000であり，期末の資産総額は¥5,400,000　負債総額は¥2,310,000であった。なお，この期間中の収益総額は¥6,680,000で当期純利益が¥440,000であるとき，費用総額は¥ ア で，期首の負債総額は¥ イ である。　　　　（全商80回）

ア	イ
¥	¥

(2) 有田商店（個人企業）の期首の資産総額は¥6,150,000　負債総額は¥2,980,000であった。期末の負債総額は¥2,790,000で，この期間中の当期純利益が¥350,000であるとき，期末の資産総額は¥ ア である。　　　　（全商81回）

ア
¥

(3) 北陸商店（個人企業）の当期の収益総額は¥4,340,000で当期純利益は¥240,000であるとき，費用総額は¥ ア である。また，期首の資産総額は¥2,870,000負債総額は¥1,540,000であり，期末の負債総額は¥1,630,000であるとき，期末の資産総額は¥ イ である。　　　　（全商85回）

ア	イ
¥	¥

(4)　a．沖縄商店（個人企業）の当期の費用総額は¥4,162,000で，当期純利益が¥128,000であるとき，当期の収益総額は¥ ア である。

　　b．福島商店（個人企業）の期末の資産総額は¥3,045,000　負債総額は¥1,587,000であった。なお，この期間中の当期純利益が¥421,000で期首の負債総額が¥1,273,000であるとき，期首の資産総額は¥ イ である。

　　　　（全商92回）

ア	イ
¥	¥

1. 次の各問いに答えなさい。

(1) 山梨商店(個人企業)の下記の資料によって，次の金額を計算しなさい。(全商84回)

　　　 a．期間中の費用総額　　　 b．期首の負債総額

資　料

　i　期首の資産総額　　*¥6,500,000*

　ii　期末の資産および負債

　　　現　　金　*¥1,500,000*　当座預金 *¥3,530,000*　商　　品　*¥　600,000*

　　　備　　品　*¥　900,000*　買 掛 金 *¥1,310,000*　借 入 金　*¥1,200,000*

　iii　期間中の収益総額　　*¥6,400,000*

　iv　当期純利益　　　　　*¥　320,000*

ア	イ
¥	*¥*

(2) 沖縄商店(個人企業)の下記の損益勘定と資料によって，次の金額を計算しなさい。

　　　 a．売　上　原　価　　　 b．期末の資産総額　　　　　　(全商66回)

損　　　　益

12/31 仕 入(　)	12/31 売　　上 5,840,000
〃 給 料 720,000	
〃 支払家賃 480,000	
〃 雑 費 70,000	
〃 資本金 600,000	
5,840,000	5,840,000

資　料

　i　期首の資産総額　　*¥3,470,000*

　ii　期首の負債総額　　*¥　970,000*

　iii　期末の負債総額　　*¥1,080,000*

　iv　当 期 純 利 益　*¥*(　　　)

a	b
¥	*¥*

2. 東北商店(個人企業)の下記の資本金勘定と資料によって，次の金額を計算しなさい。

　　　 a．期間中の収益総額　　　 b．期首の負債総額　　　　　　(全商86回)

資　本　金

12/31 次期繰越 8,250,000	1/1 前期繰越(　)
	12/31 損　益(　)
8,250,000	8,250,000

資　料

　i　期間中の費用総額　　*¥5,130,000*

　ii　当 期 純 利 益　*¥1,180,000*

　iii　期首の資産総額　　*¥9,500,000*

a	b
¥	*¥*

計算問題（その２）

BASIS | **基本例題** 完全にマスターしよう

　茨城商店（個人企業）はA品とB品を販売し，商品有高帳を移動平均法によっ
て記帳している。次の勘定記録と商品有高帳によって（　ア　）から（　ウ　）
に入る金額を求めなさい。ただし，A品は1個あたり *¥600* で販売し，B品は1
個あたり *¥400* で販売している。　　　　　　　　　　　　（全商79回一部修正）

売	上	
	1/ 9　売 掛 金（　　ア　　）	
	12/31　売 掛 金　　　*40,000*	

仕	入	
1/16　買 掛 金（　　イ　　）		

商　品　有　高　帳

（移動平均法）　　品　名　　A　品　　　　　　　　　　単位：個

令和〇年		摘　要	受		入	引		渡	残		高
			数量	単価	金　額	数量	単価	金　額	数量	単価	金　額
1	1	前月繰越	180	*500*	*90,000*				180	*500*	*90,000*
	9	高崎商店				130	*500*	*65,000*	50	*500*	*25,000*
	16	大宮商店	250	*500*	*125,000*				300	*500*	*150,000*

商　品　有　高　帳

（移動平均法）　　品　名　　B　品　　　　　　　　　　単位：個

令和〇年		摘　要	受		入	引		渡	残		高
			数量	単価	金　額	数量	単価	金　額	数量	単価	金　額
1	1	前月繰越	80	*300*	*24,000*				80	*300*	*24,000*
	16	大宮商店	120	*350*	*42,000*				（　　）	（ウ）	（　　）
	20	水戸商店				100	（　）	（　　）	（　）	（　）	（　）

解答欄

ア	*¥　78,000*	イ	*¥　167,000*	ウ	*¥　330*

　　アの金額　　1月9日にはA品を130個売り渡しているので，@*¥600*×130個＝*¥78,000*

　　イの金額　　1月16日にはA品を*¥125,000*　B品を*¥42,000*仕入れているので*¥125,000*＋*¥42,000*＝*¥167,000*

　　ウの金額　　移動平均法を採用しているので1月16日の残高欄の単価は以下のように計算できる。

$$\frac{¥24,000 + ¥42,000}{80個 + 120個} = ¥330$$

1. 栃木商店が販売するA品の商品有高帳は，下記のとおりである。よって，

　a．栃木商店は，この商品有高帳を次のどちらの方法で記帳しているか，その番号を記入しなさい。

1．先入先出法　　2．移動平均法

　b．（　ア　）に入る数量を求めなさい。　　　　　　　　　　　　　　　　　　（全商89回）

商　品　有　高　帳
品　名　　　A　品　　　　　　　　　単位：台

令和○年		摘　要	受入 数量	受入 単価	受入 金　額	払出 数量	払出 単価	払出 金　額	残高 数量	残高 単価	残高 金　額
1	1	前月繰越	400	750	300,000				400	750	300,000
	15	群馬商店				300	750	225,000	100	750	75,000
	23	高知商店	200	( )	154,000				{100	( )	( )
									{200	( )	( )
	23	横浜商店				100	( )	( )	( )	( )	( )
	31	次月繰越				(ア)	770	( )			
			( )		( )	( )		( )			

解答欄

a		b	台

2. 三重商店の次の仕訳帳と勘定記録および合計残高試算表から，（　a　）と（　b　）に入る金額を求めなさい。　　　　　　　　　　　　　　　　　　　　　　　　　（全商91回）

仕　訳　帳

令和○年	摘　　要	元丁	借　　方	貸　　方
1　1	前期繰越高		1,500,000	1,500,000
〰	〰	〰	8,492,000	8,492,000

買　　掛　　金　　　6

834,000	1/1　前期繰越 381,000
	975,000

(注意) i　仕訳帳の期中取引は省略されている。
　　　　ii　買掛金勘定の記録は，合計額で示してある。

合　計　残　高　試　算　表
令和○年12月31日

借 方 残 高	借 方 合 計	元丁	勘定科目	貸 方 合 計	貸 方 残 高
（　　　）	686,000	1	現　　　　金	72,000	
（　　　）	2,461,000	2	当 座 預 金	1,840,000	
（　　　）	1,424,000	3	売　掛　金	967,000	
（　　　）	352,000	4	繰 越 商 品		
（　　　）	596,000	5	備　　　　品		
	（　　　　）	6	買　掛　金	（　　　　）	（　b　）
		7	資　本　金	2,848,000	（　　　）
	60,000	8	売　　　　上	1,347,000	（　　　）
（　　　）	1,035,000	9	仕　　　　入	62,000	
（　　　）	792,000	10	給　　　　料		
（　　　）	252,000	11	支 払 家 賃		
4,657,000	（　a　）			（　a　）	4,657,000

解答欄

a	¥	b	¥

文章問題

BASIS **基本例題** 完全にマスターしよう

次の各文の □ にあてはまるもっとも適当な語を，下記の語群から選び，その番号を記入しなさい。

(1) <u>元帳記入が正しくおこなわれているかどうかを調べるために</u>， □ ア □ を作
目的をしっかり読みとる。
成する。この表の借方合計額と貸方合計額が一致するのは， □ イ □ の原則によるものである。

(2) 一定の時における企業の<u>財政状態</u>を示す表を □ ウ □ という。期末に，この
対語として経営成績がある。
表を作成する場合には，純資産は期首資本金と □ エ □ とに分けて記載する。

1. 棚 卸 表　　2. 期 末 負 債　　3. 貸 借 平 均　　4. 損益計算書
5. 当期純利益　　6. 勘 定 記 入　　7. 試 算 表　　8. 貸借対照表

(1)		(2)	
ア	イ	ウ	エ
7	3	8	5

↑試算表の目的は，主要簿の記帳の確認。　↑損益計算書は経営成績を示す。

※　文章問題では，用語が対になって表示されるので類似語に注意をする。

STEP 1 **基本問題** 実力をアップしよう　　（解答⇨*p.26*）

1. 次の各文の □ にあてはまるもっとも適当な語を，下記の語群から選び，その番号を記入しなさい。

(1) 企業の簿記は，経営活動に関する金銭や物品など事業主個人の生活で使用する現金や物品などを区別し，記録・計算・整理することを前提としている。この前提条件を □ という。　　　　　　　　　　　　　　　　　　　（全商92回）

　　　1. 会計単位　　　2. 会計期間　　　3. 貨幣金額表示

(2) 当期純損益を計算するために，収益と費用の各勘定残高を損益勘定に振り替える。このように二つ以上の勘定の残高を集めて記録する勘定を □ という。

　　　　　　　　　　　　　　　　　　　　　　　　　　　　　（全商89回）

　　　1. 人名勘定　　　2. 集合勘定　　　3. 統制勘定

(1)		(2)	

2. 次の各文の ⬚ にあてはまるもっとも適当な語を，語群から選び，その番号を記入しなさい。

(1) 簿記の記帳方法のひとつに，企業の経営活動を貸借平均の原理にもとづいて，組織的に記録・計算・整理する方法がある。この方法を ⬚ といい，今日もっとも広く用いられている。　　　　　　　　　　　　　　　　　　　（全商87回）

　　1．単式簿記　　　2．複式簿記　　　3．決　　算

(2) 仕訳を記入する帳簿を仕訳帳といい，仕訳帳から総勘定元帳へ転記をおこなう。この仕訳帳と総勘定元帳は，すべての取引が記入される重要な帳簿であり，この二つの帳簿を ⬚ という。　　　　　　　　　　　　　　　　　　　　（全商84回）

　　1．複式簿記　　　2．主　要　簿　　　3．補　助　簿

(3) 総勘定元帳のすべての勘定の借方合計金額と貸方合計金額は，貸借平均の原理によって必ず一致する。この原理を応用して，仕訳帳から総勘定元帳への転記が，正しくおこなわれているかを確かめるために作成する表を ⬚ という。（全商86回）

　　1．損益計算書　　　2．試　算　表　　　3．現金出納帳

(4) 企業では，決算の概要を知りたい場合などに，残高試算表から損益計算書と貸借対照表を作成する手続きを，一つにまとめた表を作成することがある。この一覧表を ⬚ という。　　　　　　　　　　　　　　　　　　　　　　　（全商85回）

　　1．試　算　表　　　2．精　算　表　　　3．仕　訳　帳

(5) 合計試算表は，仕訳帳から総勘定元帳への転記が正しくおこなわれたかを確かめるために作成する表であり，合計試算表の借方欄と貸方欄の合計金額は必ず一致する。これは ⬚ によるものである。　　　（全商83回）

　　1．貸借平均の原理　　　2．貸借対照表等式　　　3．財　産　法

(6) 企業の一会計期間の経営成績を明らかにした報告書を損益計算書といい，英語では ⬚ と表す。　　　　　　　　　　　　　　　　　　　　　　　　（全商91回）

　　1．Balance Sheet（B/S）　　　2．Account（A/C）

　　3．Profit and Loss Statement（P/L）

(1)		(2)		(3)	
(4)		(5)		(6)	

形式別問題 ──仕 訳 帳──

1 香川商店の下記の取引について，仕訳帳に記入して，総勘定元帳（略式）の現金勘定・当座預金勘定・仕入勘定に転記しなさい。

　　　ただし，ⅰ　商品に関する勘定は3分法によること。

　　　　　　　ⅱ　仕訳帳における「諸口」の記入と小書きは省略する。

　　　　　　　ⅲ　総勘定元帳には日付と金額を記入すればよい。

<u>取　引</u>

1月5日　仕入先　徳島商店から次の商品を仕入れ，代金は掛けとした。

　　　　　　　　A品　500個　@*¥*600　*¥*300,000

　　　　　　　　C品　300〃　〃〃950　*¥*285,000

　　8日　徳島商店から仕入れた商品の一部を返品し，この代金は買掛金から差し引くことにした。

　　　　　　　　C品　　20個　@*¥*950　*¥*19,000

　　12日　事務所用のパーソナルコンピュータ*¥*245,000 を買い入れ，代金は付随費用*¥*5,000 とともに現金で支払った。

　　14日　高知商店から借用証書によって*¥*500,000 を借り入れていたが，利息*¥*1,000 とともに小切手を振り出して支払った。

　　20日　仕入先　愛媛商店から次の商品を仕入れ，代金は小切手を振り出して支払った。

　　　　　　　　B品　200個　@*¥*800　*¥*160,000

　　25日　本月分の給料*¥*250,000 の支払いにあたり，所得税額*¥*8,000 を差し引いて，従業員の手取額を現金で支払った。

　　29日　得意先　高知商店に次の商品を売り渡し，代金は同店振り出しの小切手で受け取り，ただちに当座預金とした。

　　　　　　　　A品　500個　@*¥*850　*¥*425,000

解答欄

仕　　訳　　帳

1

令和 ○年		摘　　　　　　　要	元丁	借　　方	貸　　方
1	1	前　期　繰　越　高	✓	3,650,000	3,650,000

現　　　　　金

1

1/1	前　期　繰　越	2,400,000			

当　座　預　金

2

1/1	前　期　繰　越	1,630,000			

仕　　　　　入

13

形式別問題 ──帳 簿（その１）──

2 岐阜商店の下記の取引について，

(1) 仕入帳に記入して締め切りなさい。

(2) A品の商品有高帳に記入して締め切りなさい。ただし，先入先出法による。

(3) 買掛金元帳に記入して締め切りなさい。ただし，買掛金元帳には日付と金額を記入
すればよい。

<u>取 引</u>

5月2日 仕入先 愛知商店から次の商品を仕入れ，代金は掛けとした。

A品 300個 @*￥*1,200 *￥*360,000

5日 得意先 三重商店に次の商品を売り渡し，代金は掛けとした。

A品 400個 @*￥*1,800 *￥*720,000

12日 仕入先 福井商店から次の商品を仕入れ，代金は掛けとした。

A品 300個 @*￥*1,300 *￥*390,000

B品 200〃 〃〃1,500 *￥*300,000

20日 仕入先 愛知商店に対する買掛金の一部*￥*200,000 を，小切手を振り出し
て支払った。

27日 福井商店から仕入れた商品の一部を返品し，この代金は買掛金から差し引
くことにした。

B品 10個 @*￥*1,500 *￥* 15,000

解答欄

(1)

			3
<center>仕 入 帳</center>			

令和 ○年	摘　　　　　要	内　　訳	金　　額

(2)

商 品 有 高 帳

（先入先出法）　　　　　　　品　名　　　　Ａ　品　　　　　　　　　　単位：個

令和〇年		摘　要	受　入			引　渡			残　高		
			数量	単価	金　額	数量	単価	金　額	数量	単価	金　額
5	1	前月繰越	300	1,100	330,000				300	1,100	330,000

(3)

買 掛 金 元 帳

愛 知 商 店　　　　　　　　　　　　　　　　　1

			5／1		280,000

福 井 商 店　　　　　　　　　　　　　　　　　2

			5／1		120,000

3 神奈川商店の下記の取引について，

(1) 仕訳帳に記入しなさい。

(2) 売上帳に記入して締め切りなさい。

(3) 売掛金元帳に記入しなさい。

　　ただし，　i　商品に関する勘定は３分法によること。

　　　　　　　ii　仕訳帳における「諸口」の記入と小書きは省略する。

　　　　　　　iii　売掛金元帳には，日付と金額を記入すればよい。

　取　引

7月7日　得意先　静岡商店に次の商品を売り渡し，代金は掛けとした。

　　　　　　　　A品　　150個　@￥800　￥120,000

　　　　　　　　B品　　200〃　〃〃950　￥190,000

　　8日　静岡商店に売り渡した上記商品の一部について，次のとおり返品された。なお，この代金は売掛金から差し引くことにした。

　　　　　　　　A品　　20個　@￥800　￥ 16,000

　　15日　仕入先　愛知商店から次の商品を仕入れ，代金は小切手を振り出して支払った。なお，引取運賃￥5,000は現金で支払った。

　　　　　　　　A品　　300個　@￥600　￥180,000

　　20日　得意先　山梨商店に次の商品を売り渡し，代金は掛けとした。

　　　　　　　　A品　　100個　@￥820　￥ 82,000

　　27日　得意先　山梨商店に対する売掛金の一部￥100,000を，同店振り出しの小切手で受け取り，ただちに当座預金に預け入れた。

【解答欄】

仕　訳　帳

7

令和○年		摘　　　　要	元丁	借　　方	貸　　方
7	1	前ページから		4,250,000	4,250,000

当 座 預 金 出 納 帳

1

令和○年		摘　　　　　　要	預　　入	引　　出	借または貸	残　　高
7	1	前 月 繰 越	480,000		借	480,000

売　　上　　帳

7

令和○年	摘　　　　　　要	内　　訳	金　　額

売 掛 金 元 帳

静 岡 商 店

1

7 / 1		210,000		

山 梨 商 店

7 / 1		100,000		

形式別問題 ——伝票記入——

4 富山商店の次の取引を入金伝票・出金伝票・振替伝票のうち，必要な伝票に記入
しなさい。

2月10日　石川商店に借用証書によって借り入れていた¥300,000を小切手#25を振
り出して返済した。　　　　　　　　　　　　　　　（伝票番号　No.15）

〃日　新潟商店から商品の注文を受け，内金として現金¥23,000を受け取った。
（伝票番号　No.18）

〃日　山形新聞店に折り込み広告代金として¥18,000を現金で支払った。
（伝票番号　No.10）

解答欄

入　金　伝　票		
令和○年　月　日　　No.＿＿		
科目　　　　　　　入金先　　　　　　　殿		
摘　　　　要	金　　額	
合　　　計		

出　金　伝　票		
令和○年　月　日　　No.＿＿		
科目　　　　　　　支払先　　　　　　　殿		
摘　　　　要		
合　　　計		

振　替　伝　票					
令和○年　月　日　　　　　　　　　　No.＿＿					
勘　定　科　目	借　　方		勘　定　科　目	貸　　方	
合　　　計			合　　　計		
摘要					

形式別問題 ——文章・計算——

5 (1) 次の用語を英語にしなさい。ただし，もっとも適当な語を下記の語群のなかから選び，その番号を記入すること。

ア．現金出納帳　イ．損益計算書　ウ．売上原価

1．cost of goods sold　　　2．cash book　　　3．bookkeeping

4．profit and loss statement　　5．sales account　　6．balance sheet

ア	イ	ウ

(2) 次の各文の □ のなかにあてはまるもっとも適当な語を，語群から選び，その番号を記入しなさい。

a．帳簿にはすべての取引を記録する仕訳帳や総勘定元帳のほかに，商品有高帳や売上帳などのように，特定の取引や特定の勘定についてその明細を記録する ア がある。

b．帳簿を締め切る前に，決算の概要などを知りたい場合，残高試算表から損益計算書と貸借対照表を作成する手続きを一つにまとめた表を作成することがある。この一覧表を イ という。

1．棚卸表　　2．補助簿　　3．主要簿　　4．精算表　　5．統制勘定

ア	イ

(3) 青森商店（個人商店）の期首の資産総額は ¥2,500,000 負債総額は ¥1,000,000 であり，期末の貸借対照表は下記のとおりであった。この期間中の収益総額が ¥6,700,000 であるとき，期間中の費用総額は ¥ ア で期末の負債総額は ¥ イ である。

貸 借 対 照 表

青森商店　　　　　令和○年12月31日

現　　　金	900,000	買　掛　金	600,000
売　掛　金	800,000	借　入　金	
商　　　品	700,000	資　本　金	
備　　　品	500,000	当期純利益	300,000
	2,900,000		2,900,000

ア	イ
¥	¥

形式別問題 ——決　算（その１）——

6　関東商店（個人企業　決算年１回　12月31日）の総勘定元帳勘定残高と決算整理
事項等は，次のとおりであった。よって，

(1)　決算整理事項等の仕訳を示しなさい。

(2)　備品勘定および支払利息勘定に必要な記入をおこない，締め切りなさい。ただし，
勘定記入は，日付・相手科目・金額を示すこと。

(3)　損益計算書を作成しなさい。

元帳勘定残高

現　　　　金	¥ 490,000	当 座 預 金	¥ 1,133,000	売　　掛　　金	¥ 2,200,000
貸倒引当金	2,000	繰 越 商 品	850,000	備　　　　品	600,000
支 払 手 形	400,000	買　　掛　　金	398,000	資　　本　　金	4,000,000
売　　　　上	7,732,000	受 取 手 数 料	35,000	仕　　　　入	5,750,000
給　　　　料	1,314,000	支 払 家 賃	200,000	通　　信　　費	4,000
消 耗 品 費	3,000	雑　　　　費	8,000	支 払 利 息	18,000
現金過不足 （貸方残高）	3,000				

決算整理事項等

　　a．期末商品棚卸高　¥790,000

　　b．貸 倒 見 積 高　売掛金残高の２％と見積もり，貸倒引当金を設定する。

　　c．備品減価償却高　取得原価¥800,000　残存価額は零(0)　耐用年数は８年とし，
　　　　　　　　　　　　定額法により計算し，直接法で記帳している。

$$定額法による年間の減価償却費 = \frac{取得原価 - 残存価額}{耐用年数}$$

　　d．現金過不足勘定の¥3,000は雑益とする。

解答欄

(1)

	借　　　　　方	貸　　　　　方
a		
b		
c		
d		

(2)

備　　　　　品　　　　　　　　6			
1/1　前　期　繰　越	600,000		

支　払　利　息　　　　　　　19			
6/30　現　　　金	9,000		
12/31　現　　　金	9,000		

(3)

損　益　計　算　書

関東商店　　　　　令和○年1月1日から令和○年12月31日まで　　　　　（単位：円）

費　　　用	金　　額	収　　　益	金　　額
売　上　原　価		（　　　　　）	
給　　　料		受　取　手　数　料	
（　　　　　）		（　　　　　）	
（　　　　　）			
支　払　家　賃			
通　信　費			
消　耗　品　費			
雑　　　費			
支　払　利　息			
（　　　　　）			

形式別問題 ——決　算（その２）——

7 信越商店（個人企業　決算年１回　12月31日）の総勘定元帳勘定残高と決算整理事項は，次のとおりであった。よって，貸借対照表と損益計算書を完成しなさい。

元帳勘定残高

現　　　　金	¥ 530,000	当 座 預 金	¥ 590,000	売　掛　金	¥ 800,000
貸倒引当金	2,000	繰 越 商 品	490,000	備　　　品	500,000
買　掛　金	398,000	前　受　金	180,000	借　入　金	102,000
資　本　金	2,000,000	売　　　上	3,160,000	受取手数料	10,000
仕　　　入	2,476,000	給　　　料	300,000	支 払 家 賃	50,000
消 耗 品 費	83,000	雑　　　費	15,000	支 払 利 息	18,000

決算整理事項等

　a. 期末商品棚卸高　¥520,000

　b. 貸 倒 見 積 高　売掛金残高の２％と見積もり，貸倒引当金を設定する。

　c. 備品減価償却高　¥45,000（直接法によって記帳）

解答欄

損 益 計 算 書

信越商店　　　　　　　令和○年１月１日から令和○年12月31日まで　　　　　　（単位：円）

費　　　　　用	金　　額	収　　　　益	金　　額
売 上 原 価		（　　　　　　）	
給　　　　料	300,000	受 取 手 数 料	10,000
貸倒引当金繰入			
減 価 償 却 費			
支 払 家 賃	50,000		
消 耗 品 費	83,000		
雑　　　　費	15,000		
支 払 利 息			
（　　　　　　）			

貸 借 対 照 表

信越商店　　　　　　　令和○年12月31日

資　　　　産	金　　額	負債および純資産	金　　額
現　　　金	530,000	買　掛　金	398,000
当 座 預 金	590,000	（　　　　　　）	
売 掛 金（　　　）		借　入　金	102,000
貸倒引当金（　　　）		資　本　金	2,000,000
（　　　　　　）		（　　　　　　）	
備　　　品			

簿記実務検定

ステップバイステップ

$\boxed{\text{12 訂 版}}$

3 級 解 答

東京法令 とうほう

1 現金受け払いの記帳

STEP 1 【p.8】

	借 方	貸 方
(1)	現　　　　金 40,000	受取手数料 40,000
(2)	現　　　　金 80,000	売　掛　金 80,000
(3)	現　　　　金 200,000	売　掛　金 200,000
(4)	買　掛　金 70,000	現　　　　金 70,000
(5)	給　　　　料 180,000	現　　　　金 180,000

♀ 解 説 ♀

(1) 手数料を受け取ったときは，受取手数料勘定（収益の勘定）の貸方に記入する。〔収益の発生は貸方に記入する。〕

(2) 代金を後日に受け取る約束で，商品を売り渡したときは，売掛金勘定（資産の勘定）の借方に記入する。そして，売掛金を回収したときは，売掛金勘定の貸方に記入する。〔資産の増加は借方に，資産の減少は貸方に記入する。〕

(4) 代金を後日に支払う約束で，商品を仕入れたときは，買掛金勘定（負債の勘定）の貸方に記入する。そして，買掛金を支払ったときは，買掛金勘定の借方に記入する。〔負債の増加は貸方に，負債の減少は借方に記入する。〕

(5) 給料を支払ったときは，給料勘定（費用の勘定）の借方に記入する。〔費用の発生は借方に記入する。〕

STEP 2 【p.9】

	借 方	貸 方
(1)	現　　　　金 120,000	売　掛　金 120,000
(2)	現　　　　金 200,000	売　掛　金 200,000
(3)	買　掛　金 90,000	現　　　　金 90,000
(4)	通　信　費 7,000	現　　　　金 7,000
(5)	現　　　　金 30,000	受取手数料 30,000

2 現金過不足の記帳

STEP 1 【p.10】

	借 方	貸 方
(1)	現金過不足 25,000	現　　　　金 25,000
(2)	消耗品費 18,000	現金過不足 18,000
(3)	雑　　　　損 7,000	現金過不足 7,000
(4)	現金過不足 12,000	受取地代 12,000
(5)	現金過不足 1,000	雑　　　　益 1,000

♀ 解 説 ♀

(1) 現金の実際有高と帳簿上の有高とが一致しないときは，帳簿上の有高を修正して，実際有高に合わせておく。

　現金の実際有高が不足しているときは，現金勘定から減らすために，現金勘定の貸方に記入する。したがって，相手科目となる現金過不足勘定には，借方に記入することになる。（現金の実際有高の方が多いときは，現金勘定の借方と，現金過不足勘定の貸方に記入する。）

(2)(4) 調査の結果，不一致の原因が判明したときは，現金過不足勘定から正しい勘定に振り替える。

(3)(5) 決算日になっても，過不足の原因がわからないときは，不足額を雑損勘定（費用の勘定）に振り替える。また，過剰額は雑益勘定（収益の勘定）の貸方に振り替える。

STEP 2 【p.11】

	借 方	貸 方
(1)	発　送　費 6,000	現金過不足 6,000
(2)	雑　　　　損 1,000	現金過不足 1,000
(3)	現金過不足 2,000	現　　　　金 2,000
(4)	現金過不足 3,000	雑　　　　益 3,000

3 当座預金の記帳

STEP 1 【p.12】

	借 方	貸 方
(1)	当座預金 500,000	現　　　　金 500,000
(2)	当座預金 60,000	受取手数料 60,000
(3)	当座預金 300,000	売　掛　金 300,000
(4)	現　　　　金 200,000	当座預金 200,000
(5)	買　掛　金 100,000	当座預金 70,000
		当座借越 30,000

♀ 解 説 ♀

(5) 当座預金勘定の残高は¥70,000である。したがって，残高を超えて振り出した金額¥30,000については，銀行から借り入れたことになるので，当座借越勘定で処理する。

STEP 2 【p.13】

	借 方	貸 方
(1)	当座預金 430,000	売　掛　金 430,000
(2)	買　掛　金 210,000	当座預金 210,000
(3)	当座預金 700,000	売　掛　金 700,000
(4)	買　掛　金 140,000	当座預金 40,000
		当座借越 100,000
(5)	当座借越 240,000	売　掛　金 390,000
	当座預金 150,000	

♀ 解 説 ♀

(5) 当座借越勘定に残高があるときに，当座預金口座に入金があると，まずその借り越しの返済にあてられるので，当座借越勘定の借方に記入する。預け入れの金額が借越高を超えている場合には，その差額を当座預金勘定の借方に記入する。

4 普通預金・定期預金などの記帳

STEP 1 【p. 14】

	借　　方	貸　　方
(1)	普 通 預 金 300,000	現　　　　金 300,000
(2)	定 期 預 金 800,000	現　　　　金 800,000
(3)	当 座 預 金 844,000	定 期 預 金 800,000
		受 取 利 息 44,000
(4)	定 期 預 金 230,000	当 座 預 金 230,000

5 現金出納帳への記帳

STEP 1 【p. 16】

現　金　出　納　帳 　　　　2

令和○年		摘　　　　要	収　　入	支　　出	残　　高
1	26	前ページから	530,000		530,000
	30	鳥取商店に買掛金支払い		180,000	350,000
	31	1月分の水道光熱費支払い		64,000	286,000
		次　月　繰　越		**286,000**	
			530,000	530,000	

6 当座預金出納帳への記帳

STEP 1 【p. 17】

ア	￥ 100,000	イ	￥ 227,000

♀ 解　説 ♀

　1月1日の残高欄をみると当座預金は借方残高￥80,000である。1月5日に仕入代金を支払った後の当座預金の残高は貸方残高￥20,000となっている。したがって1月5日の仕入れ代金は￥100,000（＝￥80,000＋￥20,000）である。一方，1月7日には売掛金の回収として小切手￥247,000を受け取り，ただちに当座預金としている。したがってこのときの仕訳は以下のようになり，空欄イ（1月7日の残高）は借方残高￥227,000となる。

（借）当 座 借 越　20,000（貸）売 掛 金 247,000
　　　当 座 預 金　227,000

7 小口現金の処理と記帳

STEP 1 【p. 18】

	借　　方	貸　　方
(1)	小 口 現 金 50,000	当 座 預 金 50,000
(2)	通　信　費 5,000	小 口 現 金 11,000
	交　通　費 3,000	
	消 耗 品 費 2,000	
	雑　　　費 1,000	
	小 口 現 金 11,000	当 座 預 金 11,000
(3)	通　信　費 5,000	小 口 現 金 9,000
	交　通　費 3,000	
	雑　　　費 1,000	
	小 口 現 金 9,000	当 座 預 金 9,000

♀ 解　説 ♀

(3) 利益を受取ったときは，受取利息勘定（収益の勘定）の貸方に記入する。

STEP 2 【p. 15】

	借　　方	貸　　方
(1)	普 通 預 金 300,000	現　　　　金 300,000
(2)	普 通 預 金 80,000	現　　　　金 80,000
(3)	定 期 預 金 800,000	当 座 預 金 800,000
(4)	定 期 預 金 450,000	当 座 預 金 450,000
(5)	定 期 預 金 400,000	当 座 預 金 400,000

♀ 解　説 ♀

(1) 会計係は一定期間にわたり必要な額を見積もり，一定額の現金や小切手を庶務係に渡す。このとき通常の現金や当座預金と区別するために小口現金勘定（資産の勘定）で処理する。

(2) 庶務係から小口現金の支払いについて報告を受けたときは，小口現金勘定の貸方に記入し，支払った費用を借方に記入する。「ただちに」補給した場合には，以下の仕訳でもよい。

（借）通 信 費 5,000（貸）当 座 預 金 11,000
　　　交 通 費 3,000
　　　消 耗 品 費 2,000
　　　雑　　　費 1,000

STEP 2 【p. 19】

	借　　方	貸　　方
(1)	小 口 現 金 30,000	現　　　　金 30,000
(2)	通　信　費 20,000	小 口 現 金 45,000
	消 耗 品 費 17,000	
	雑　　　費 8,000	
	小 口 現 金 45,000	当 座 預 金 45,000
(3)	通　信　費 9,000	小 口 現 金 28,000
	交　通　費 17,000	
	雑　　　費 2,000	
	小 口 現 金 28,000	当 座 預 金 28,000

♀ 解　説 ♀

(2) ただちに補給しているので，次の仕訳でもよい。

（借）通 信 費 20,000（貸）当 座 預 金 45,000
　　　消 耗 品 費 17,000
　　　雑　　　費 8,000

(3) ただちに補給しているので，次の仕訳でもよい。

(借)通　信　費　9,000 (貸)当 座 預 金 28,000
　　消 耗 品 費　17,000
　　雑　　　　費　2,000

◎総合練習問題　1

① 【p.20】

	借　　方	貸　　方
(1)	現　　　　　　金 200,000	売　掛　金 200,000
(2)	備　　　　　　品 310,000	当 座 預 金 310,000
(3)	通　信　費　4,000	現金過不足　4,000
(4)	消 耗 品 費　1,000 交　通　費　2,000	現金過不足　3,000
(5)	普 通 預 金 200,000	現　　　　金 200,000
(6)	定 期 預 金 400,000	当 座 預 金 400,000
(7)	広　告　料　50,000	現　　　　金　50,000
(8)	買　掛　金　90,000	当 座 預 金　50,000 当 座 借 越　40,000
(9)	当 座 借 越 100,000	売　　掛　　金 100,000

♀ 解　説 ♀

(1) 他人振り出しの小切手は，銀行の窓口などですぐに現金に替えられるので現金勘定で処理する。

(3) 決算日になっても原因が不明な現金の不足額は，雑損(費用の勘定)として処理する。

(7) 新聞販売店に対する折り込み広告代金は広告料勘定(費用の勘定)として処理する。

(8) 当座預金の残高を超えた払い出しは，銀行からの一時的な借り入れを意味し，当座借越勘定(負債の勘定)で処理する。

(9) 当座借越勘定に残高がある場合は，優先的に当座借越の返済をおこなう。当座借越の返済は，債務の減少になるので当座借越勘定の借方に記入し，借越額を超える入金がある場合には，その超過額を当座預金勘定の借方に記入する。

② 【p.21】

ア	￥ 150,000	イ	￥ 320,000

♀ 解　説 ♀

ア…当座預金出納帳をみると１月10日の売掛金の回収によって，当座預金の残高が￥150,000(＝￥270,000−￥120,000)増加していることがわかる。

イ…１月12日の仕入代金の支払いによって，当座借越が￥50,000発生していることが当座借越勘定の記入から判明する。したがって，１月12日に小切手で支払った代金は￥320,000(＝￥270,000＋￥50,000)であることがわかる。

③ 【p.21】

ア	￥ 110,000	イ	￥ 20,000

♀ 解　説 ♀

ア…当座預金勘定の記入状況から１月８日に現金￥50,000を当座預金に預け入れたことがわかる。し

たがって当座預金勘定の残高は￥110,000
(＝￥60,000＋￥50,000)と判明する。

イ…当座預金出納帳の残高欄より，１月12日の貸方残高￥20,000が１月15日には借方残高が￥80,000となっているので，売掛金￥100,000を回収したことがわかる。したがって以下の仕訳がおこなわれる。

(借)当 座 借 越　20,000 (貸)売 掛 金 100,000
　　当 座 預 金　80,000

8　商品を仕入れたときの記帳

STEP 1 【p.22】

	借　　方	貸　　方
(1)	仕　　　　　入　70,000	現　　　　金　70,000
(2)	仕　　　　　入　80,000	買　掛　金　80,000
(3)	買　掛　金　8,000	仕　　　入　8,000
(4)	仕　　　　　入 510,000	買　掛　金 500,000 現　　　　金　10,000
(5)	買　掛　金　15,000	仕　　　入　15,000

♀ 解　説 ♀

商品の売買に関する取引を，仕入勘定・売上勘定・繰越商品勘定の三つの勘定を用いて処理する方法を，3分法という。

(4) 引取運賃や運送保険料などの仕入諸掛りは，仕入価格に含めるので，仕入勘定(費用の勘定)の借方に記入する。

STEP 2 【p.23】

	借　　方	貸　　方
(1)	仕　　　　　入 413,000	買　掛　金 413,000
(2)	買　掛　金　7,000	仕　　　入　7,000
(3)	仕　　　　　入 225,000	買　掛　金 225,000

9　商品を売り上げたときの記帳

STEP 1 【p.24】

	借　　方	貸　　方
(1)	売　掛　金　25,000	売　　　上　25,000
(2)	売　掛　金 150,000	売　　　上 150,000
(3)	売　　　上　7,000	売　掛　金　7,000
(4)	売　掛　金 140,000 発　送　費　2,000	売　　　上 140,000 現　　　　金　2,000
(5)	売　　　上　5,000	売　掛　金　5,000

♀ 解　説 ♀

(4) 荷造費や運送運賃などの発送費用は，売上勘定で処理しないで，発送費勘定(費用の勘定)の借方に記入する。

STEP 2 【p.25】

	借　　方	貸　　方
(1)	売　掛　金 160,000	売　　　上 160,000
(2)	売　　　上　5,000	売　掛　金　5,000
(3)	売　掛　金 276,000	売　　　上 276,000
(4)	売　　　上　3,000	売　掛　金　3,000

10 売掛金や買掛金の記帳

STEP 1 【p.26】

	借　　　方	貸　　　方
(1)	現　　　　金 100,000 売　掛　　金 250,000	売　　　　　　上 350,000
(2)	仕　　　　入 240,000	当 座 預 金 120,000 買　掛　　金 120,000
(3)	買　掛　　金 5,000	仕　　　　入 5,000
(4)	買　掛　　金 100,000	当 座 預 金 100,000

STEP 2 【p.27】

	借　　　方	貸　　　方
(1)	売　掛　　金 572,000	売　　　　　　上 572,000
(2)	現　　　　金 374,000	売　掛　　金 374,000
(3)	現　　　　金 594,000	売　掛　　金 594,000

11 受取手形や支払手形の記帳 （その1）

STEP 1 【p.28】

	借　　　方	貸　　　方
(1)	受 取 手 形 170,000	売　　　　　　上 170,000
(2)	当 座 預 金 170,000	受 取 手 形 170,000
(3)	受 取 手 形 200,000	売　掛　　金 200,000
(4)	当 座 預 金 198,000 手形売却損 2,000	受 取 手 形 200,000

♀ 解　説 ♀
(1) 商品を売り渡して手形を受け取ったときは，受取手形勘定（資産の勘定）の借方に記入する。
(2) 受け取った手形は，支払期日前に銀行に買い取ってもらうことができる（割引）。このとき割引日から支払期日までの利息を手形の額面金額から差し引かれるが，この金額は手形売却損勘定（費用の勘定）で処理する。

STEP 2 【p.29】

	借　　　方	貸　　　方
(1)	受 取 手 形 174,000	売　掛　　金 174,000
(2)	当 座 預 金 249,000 手形売却損 1,000	受 取 手 形 250,000

12 受取手形や支払手形の記帳 （その2）

STEP 1 【p.30】

	借　　　方	貸　　　方
(1)	仕　　　　入 250,000	受 取 手 形 250,000
(2)	仕　　　　入 220,000	支 払 手 形 220,000
(3)	支 払 手 形 220,000	当 座 預 金 220,000
(4)	買　掛　　金 150,000	支 払 手 形 150,000

♀ 解　説 ♀
(1) 受取手形は支払期日前に他人に譲り渡すことができる（裏書譲渡）。このとき手形債権が消滅するので，受取手形勘定の貸方に記入する。
(2) 商品を仕入れたさいに約束手形を振り出した場合には，支払手形勘定（負債の勘定）で処理する。

STEP 2 【p.31】

	借　　　方	貸　　　方
(1)	受 取 手 形 280,000	売　掛　　金 280,000
(2)	買　掛　　金 380,000	受 取 手 形 380,000
(3)	買　掛　　金 300,000	支 払 手 形 300,000

♀ 解　説 ♀
(2) 手形債権を譲り渡すことで買掛金という負債を消滅させる処理となる。岩手商店は以下の仕訳をおこなうことになる。
(借)受 取 手 形 380,000 (貸)売 掛　金 380,000

13 受取手形記入帳への記帳

STEP 1 【p.32】

受 取 手 形 記 入 帳

令和○年		摘 要	金 額	手形種類	手形番号	支払人	振出人または裏書人	振出日		満期日		支払場所	てん末		
								月	日	月	日		月	日	摘 要
1	8	売 上	300,000	約手	5	米原商店	米原商店	1	8	3	8	全商銀行 関西支店	1	28	割 引

14 支払手形記入帳への記帳

STEP 1 【p.33】

支 払 手 形 記 入 帳

令和○年		摘 要	金 額	手形種類	手形番号	受取人	振出人	振出日		満期日		支払場所	てん末		
								月	日	月	日		月	日	摘 要
1	30	仕 入	320,000	約手	21	秋田商店	当　店	1	30	4	30	第三銀行	4	30	支払い

STEP　2　【p.34】

	借　　　方	貸　　　方
9/2	受 取 手 形 200,000	売　　　　　上 200,000
14	受 取 手 形 340,000	売　　掛　　金 340,000
21	当 座 預 金 196,000 手 形 売 却 損　　4,000	受 取 手 形 200,000
28	買　　掛　　金 140,000	支 払 手 形 140,000
30	支 払 手 形 150,000	当 座 預 金 150,000

♀ 解　説 ♀

%14 裏書き譲り受けでも，手形を受け取るので(借)受取手形となる。

%21 割り引きは，受け取っている手形を裏書きして，取引銀行へ渡す手続きである。

受　取　手　形			4
	380,000		180,000
%2 売　　上	200,000	%21 諸　　口	200,000
14 売 掛 金	340,000		

支　払　手　形			12
	250,000		400,000
%30 当 座 預 金	150,000	%28 買 掛 金	140,000

受 取 手 形 記 入 帳　　　　1

令和○年		摘 要	金 額	手形種類	手形番号	支 払 人	振出人または裏書人	振出日 月 日	満期日 月 日	支 払 場 所	てん末 月 日	摘 要
9	2	売　上	200,000	約手	10	金沢商店	金沢商店	9 2	12 2	石川銀行	9 21	割引
	14	売掛金	340,000	約手	12	飯山商店	長野商店	9 5	10 5	北信銀行		

支 払 手 形 記 入 帳　　　　1

令和○年		摘 要	金 額	手形種類	手形番号	受 取 人	振 出 人	振出日 月 日	満期日 月 日	支 払 場 所	てん末 月 日	摘 要
8	30	買掛金	150,000	約手	20	松本商店	当 店	8 30	9 30	石川銀行	9 30	支払い
9	28	買掛金	140,000	約手	21	大町商店	当 店	9 28	10 28	上越銀行		

15　仕入帳と買掛金元帳への記帳

STEP　1　【p.38】

仕　　入　　帳　　　　1

令和○年		摘　　　　　要	内 訳	金 額
1	7	岡山商店　　　　　　　　掛け A品　　200個　@¥650 B品　　300〃　〃¥800	130,000 240,000	370,000
	8	岡山商店　　　　掛け値引き B品　　300個　@¥ 40		12,000
	13	山口商店　　　　　　　　約手 C品　　250個　@¥500		125,000
	31	総仕入高		495,000
	〃	仕入値引高		12,000
		純仕入高		483,000

総　勘　定　元　帳

買　　掛　　金　　　　14

令和○年	摘 要	仕丁	借 方	令和○年	摘 要	仕丁	貸 方
1 8	仕　入		12,000	1 1	前期繰越	✓	500,000
20	当座預金		300,000	7	仕　入		370,000

買　掛　金　元　帳

広　島　商　店　　　　1

令和○年		摘 要	借 方	貸 方	借/貸	残 高
1	1	前月繰越		320,000	貸	320,000
	20	支 払 い	300,000		〃	20,000
	31	次 月 繰 越	20,000			
			320,000	320,000		

岡　山　商　店　　　　2

令和○年		摘 要	借 方	貸 方	借/貸	残 高
1	1	前月繰越		180,000	貸	180,000
	7	仕 入 れ		370,000	〃	550,000
	8	値 引 き	12,000		〃	538,000
	31	次 月 繰 越	538,000			
			550,000	550,000		

♀ 解　説 ♀

仕入帳は，帳簿の形式からみると，仕訳をしたとき借方に仕入勘定がくる取引を記入するようにできている。したがって，貸方に仕入勘定がくる取引（仕入返品，値引）は，赤字で記入しなければならない。

なお，仕入返品や値引などの取引を総勘定元帳・買掛金元帳に転記する場合は，それぞれの帳簿に借方欄・貸方欄が設けてあるので，赤字で記入する必要はない。

STEP 2 【p.40】

仕　入　帳

令和○年		摘　　　要		内　訳	金　額
1	8	佐賀商店	掛け		420,000
		A品　　600個　@¥700			
	9	佐賀商店	掛け返品		7,000
		A品　　10個　@¥700			
	28	福岡商店	現金・掛け		
		B品　　700個　@¥350		245,000	
		C品　　100個　@¥500		50,000	295,000
	31	総仕入高			715,000
	〃	仕入返品高			7,000
		純仕入高			708,000

総　勘　定　元　帳
買　掛　金　　8

令和○年	摘要	仕丁	借　方	令和○年	摘要	仕丁	貸　方
1 9	仕　入		7,000	1 1	前期繰越	✓	450,000
21	当座預金		190,000	8	仕　入		420,000
				28	仕　入		250,000

買　掛　金　元　帳
佐　賀　商　店　　1

令和○年	摘　要	借　方	貸　方	借/貸	残　高
1 1	前月繰越		100,000	貸	100,000
8	仕入れ		420,000	〃	520,000
9	返品	7,000		〃	513,000
31	次月繰越	513,000			
		520,000	520,000		

♀ 解　説 ♀

　なお，福岡商店勘定への記入状況を示すと次のようになる。前月繰越高は¥350,000である。

福　岡　商　店　　2

令和○年	摘　要	借　方	貸　方	借/貸	残　高
1 1	前月繰越		350,000	貸	350,000
21	支払い	190,000		〃	160,000
28	仕入れ		250,000	〃	410,000
31	次月繰越	410,000			
		600,000	600,000		

16　売上帳と売掛金元帳への記帳

STEP 1 【p.44】

売　上　帳　　1

令和○年		摘　　　要		内　訳	金　額
1	9	福岡商店	約手・掛け		
		A品　　300個　@¥700		210,000	
		B品　　200個　@¥800		160,000	370,000
	10	福岡商店	掛け返品		
		A品　　20個　@¥700			14,000
	23	佐賀商店	掛け		
		B品　　150個　@¥800			120,000
	31	総売上高			490,000
	〃	売上返品高			14,000
		純売上高			476,000

総　勘　定　元　帳
売　掛　金　　3

令和○年	摘　要	仕丁	借　方	令和○年	摘　要	仕丁	貸　方
1 1	前期繰越	✓	260,000	1 10	売　上		14,000
9	売　上		140,000	20	現　金		150,000
23	売　上		120,000				

売　掛　金　元　帳
福　岡　商　店　　1

令和○年	摘　要	借　方	貸　方	借/貸	残　高
1 1	前月繰越	90,000		借	90,000
9	売り上げ	140,000		〃	230,000
10	返　品		14,000	〃	216,000
31	次月繰越		216,000		
		230,000	230,000		

佐　賀　商　店　　2

	摘　要	借　方	貸　方	借/貸	残　高
	前月繰越	170,000		借	170,000
20	入　金		150,000	〃	20,000
23	売り上げ	120,000		〃	140,000
31	次月繰越		140,000		
		290,000	290,000		

♀ 解　説 ♀

　売上帳は，帳簿の形成からみると，仕訳をしたとき貸方に売上勘定がくる取引を記入するようにできている。したがって，借方に売上勘定がくる取引（売上返品，値引）は，赤字で記入しなければならない。

　なお，売上返品や値引などの取引を総勘定元帳・売掛金元帳に転記する場合は，それぞれの帳簿に借方欄・貸方欄が設けてあるので，赤字で記入する必要はない。

売 上 帳　　1

令和○年		摘　要	内　訳	金　額
1	10	秋田商店　　　　　掛け		
		A品　320個　@￥500		160,000
	12	**秋田商店　　　掛け返品**		
		A品　　10個　@￥500		**5,000**
	17	福島商店　　　約手・掛け		
		A品　380個　@￥500	190,000	
		B品　200個　@￥400	80,000	270,000
	31	総　売　上　高		430,000
	〃	**売 上 返 品 高**		**5,000**
		純　売　上　高		425,000

総 勘 定 元 帳
売 掛 金　　4

令和○年	摘要	仕丁	借　方	令和○年	摘要	仕丁	貸　方
1	1	前期繰越	✓	420,000	1	12	売　　上		5,000
	10	売　　上		160,000		29	現　　金		120,000
	17	売　　上		70,000					

売 掛 金 元 帳
秋 田 商 店　　1

令和○年		摘　要	借　方	貸　方	借/貸	残　高
1	1 0	前 月 繰 越	230,000		借	230,000
	0	売 り 上 げ	160,000		〃	390,000
	12	返　品		5,000	〃	385,000
	31	**次 月 繰 越**		385,000		
			390,000	390,000		

福 島 商 店　　2

令和○年		摘　要	借　方	貸　方	借/貸	残　高
1	1	前 月 繰 越	190,000		貸	190,000
	17	売 り 上 げ	70,000		〃	260,000
	29	回　収		120,000	〃	140,000
	31	**次 月 繰 越**		140,000		
			260,000	260,000		

17　商品有高帳への記帳

(1)

商 品 有 高 帳
(先入先出法)　　　品　名　A　品　　　　単位：個

令和○年		摘　要	受　入			引　渡			残　高		
			数量	単価	金　額	数量	単価	金　額	数量	単価	金　額
1	1	前 月 繰 越	80	250	20,000				80	250	20,000
	8	静 岡 商 店	120	255	30,600				{ 80	250	20,000
									120	255	30,600
	22	沼 津 商 店				{ 80	250	20,000			
						30	255	7,650	90	255	22,950
	31	**次 月 繰 越**				**90**	**255**	**22,950**			
			200		50,600	200		50,600			
2	1		90	255	22,950				90	255	22,950

(2)

商 品 有 高 帳
(移動平均法)　　　品　名　A　品　　　　単位：個

令和○年		摘　要	受　入			引　渡			残　高		
			数量	単価	金　額	数量	単価	金　額	数量	単価	金　額
1	1	前 月 繰 越	80	250	20,000				80	250	20,000
	8	静 岡 商 店	120	255	30,600				200	253	50,600
	22	沼 津 商 店				110	253	27,830	90	253	22,770
	31	**次 月 繰 越**				**90**	**253**	**22,770**			
			200		50,600	200		50,600			22,950
2	1		90	253	22,770				90	253	22,770

◎総合練習問題　2

① 【p.50】

(1)

令和○年		摘　　要	元丁	借　方	貸　方
1	1	前期繰越	✓	4,960,000	4,960,000
	8	（仕　入）	13	460,000	
		（支払手形）			360,000
		（買掛金）	8		100,000
	11	（買掛金）	8	12,000	
		（仕　入）	13		12,000
	14	（売掛金）		385,000	
		（売　上）			385,000
	18	（仕　入）	13	300,000	
		（当座預金）			300,000
	20	（買掛金）	8	180,000	
		（当座預金）			180,000

総 勘 定 元 帳

買　掛　金　　8

1/11	12,000	1/1	430,000
20	180,000	8	100,000

仕　　入　　13

1/8	460,000	1/11	12,000
18	300,000		

(2)

仕　入　帳　　1

令和○年		摘　　要	内　訳	金　額
1	8	福岡商店　　約手・掛け		
		A品　400個　@¥700	280,000	
		B品　300個　@¥600	180,000	460,000
	11	福岡商店　　　掛け返品		
		B品　20個　@¥600		12,000
	18	宮崎商店　　　小切手		
		B品　500個　@¥600		300,000
	31	総仕入高		760,000
	〃	仕入返品高		12,000
		純仕入高		748,000

買 掛 金 元 帳

福　岡　商　店　　1

1/11	12,000	1/1	200,000
31	288,000	8	100,000
	300,000		300,000

鹿　児　島　商　店　　2

1/20	180,000	1/1	230,000
31	50,000		
	230,000		230,000

商 品 有 高 帳

品　名　A　品　　　　　　　　　　　　　　　単位：個

（先入先出法）

令和○年		摘　要	受　入			引　渡			残　高		
			数量	単価	金　額	数量	単価	金　額	数量	単価	金　額
1	1	前 月 繰 越	100	690	69,000				100	690	69,000
	8	福 岡 商 店	400	700	280,000				{100	690	69,000
									{400	700	280,000
	14	長 崎 商 店				{100	690	69,000			
						{150	700	105,000	250	700	175,000
	31	次 月 繰 越				250	700	175,000			
			500		349,000	500		349,000			

— 10 —

(1)

仕　訳　帳　1

令和○年		摘　　　要	元丁	借　方	貸　方
1	1	前期繰越高	✓	5,280,000	5,280,000
	7	（売掛金）	4	315,000	
		（売　上）			315,000
	9	（売　上）		2,000	
		（売掛金）	4		2,000
	18	（受取手形）		200,000	
		（売掛金）	4		200,000
	28	（当座預金）	2	100,000	
		（売掛金）	4	320,000	
		（売　上）			420,000
		次ページへ		6,217,000	6,217,000

仕　訳　帳　2

令和○年		摘　　　要	元丁	借　方	貸　方
		前ページから		6,217,000	6,217,000
1	31	（買掛金）		350,000	
		（受取手形）			200,000
		（当座預金）	2		150,000

総　勘　定　元　帳

当　座　預　金　2

1/1	120,000	1/31	150,000
28	100,000		

売　掛　金　4

1/1	380,000	1/9	2,000
7	315,000	18	200,000
28	320,000		

(2)

売　上　帳　1

令和○年		摘　　　要		内　訳	金　額
1	7	名古屋商店	掛け		
		A品　100個　@¥1,200		120,000	
		B品　150個　@¥1,300		195,000	315,000
	9	**名古屋商店**	**掛け値引**		
		B品　40個　@¥　50			**2,000**
	28	静岡商店　小切手・掛け			
		A品　350個　@¥1,200			420,000
	31	総 売 上 高			735,000
	〃	**売上値引高**			**2,000**
		純 売 上 高			733,000

売　掛　金　元　帳

名　古　屋　商　店　1

1/1	180,000	1/9	2,000
7	315,000	31	**493,000**
	495,000		495,000

静　岡　商　店　2

1/1	200,000	1/18	200,000
28	320,000	31	**320,000**
	520,000		520,000

受 取 手 形 記 入 帳

令和○年		摘 要	金　額	手形種類	手形番号	支 払 人	振出人または裏書人	振出日 月	日	満期日 月	日	支 払 場 所	てん末 月	日	摘 要
1	18	売掛金	200,000	約手	15	静岡商店	静岡商店	1	18	4	18	全商銀行本店	1	31	裏書譲渡

18 有価証券を買い入れたり，
売却したときの記帳

STEP 1 【p.54】

	借　　方	貸　　方
(1)	現　　　金　600,000 有価証券売却損　50,000	有 価 証 券　650,000
(2)	有 価 証 券 19,200,000	当 座 預 金 19,200,000
(3)	当 座 預 金　980,000	有 価 証 券　960,000 有価証券売却益　20,000

♀ 解　説 ♀

　株式にしても，債券にしても，有価証券の記帳は，すべて実際の取引価額をもとにしておこなう。（額面価額では記帳しないことに注意する。）
(1) 有価証券を売却したとき，売却価額が帳簿価額より低い場合は，その差額を有価証券売却損勘定（費用の勘定）の借方に記入する。
(3) 有価証券を売却したとき，売却価額が帳簿価額より高い場合は，その差額を有価証券売却益勘定（収益の勘定）の貸方に記入する。

STEP 2 【p.55】

	借　　方	貸　　方
(1)	有 価 証 券 2,268,000	当 座 預 金 2,268,000
(2)	当 座 預 金 1,400,000	有 価 証 券 1,200,000 有価証券売却益　200,000
(3)	当 座 預 金 9,000,000	有 価 証 券 8,950,000 有価証券売却益　50,000

19 備品などを取得したり，
売却したときの記帳

STEP 1 【p.56】

	借　　方	貸　　方
(1)	備　　　品　250,000	未 払 金　250,000
(2)	備　　　品　305,000	現　　　金　305,000
(3)	建　　　物 1,860,000	当 座 預 金 1,860,000
(4)	土　　　地 3,060,000	当 座 預 金 3,000,000 現　　　金　60,000
(5)	現　　　金　340,000	備　　　品　300,000 固定資産売却益　40,000

♀ 解　説 ♀

　備品・建物・土地などの固定資産は，使用するために購入する資産である。これらを取得したときは，取得原価で，それぞれの勘定の借方に記入する。
(1) 代金を後日に支払う約束で，商品以外のものを買い入れたときは，未払金勘定（負債の勘定）の貸方に記入する。
(2)(3)(4) 仲介手数料・登記料・整地費用などの使用するまでにかかった費用は，取得原価に含めるので，それぞれの資産の勘定の借方に記入する。

STEP 2 【p.57】

	借　　方	貸　　方
(1)	建　　　物 4,790,000	当 座 預 金 4,500,000 現　　　金　290,000
(2)	当 座 預 金 2,160,000	備　　　品 2,100,000 固定資産売却益　60,000
(3)	当 座 預 金 3,700,000 固定資産売却損　600,000	建　　　物 4,300,000
(4)	当 座 預 金 6,500,000 固定資産売却損 1,500,000	建　　　物 8,000,000

20 貸付金や借入金の記帳

STEP 1 【p.58】

	借　　方	貸　　方
(1)	貸 付 金　300,000	現　　　金　300,000
(2)	現　　　金　329,000	貸 付 金　300,000 受 取 利 息　29,000
(3)	現　　　金　700,000	借 入 金　700,000
(4)	借 入 金　700,000 支 払 利 息　70,000	当 座 預 金　770,000

♀ 解　説 ♀

(1) 借用証書を受け取って，金銭を貸し付けたときは，貸付金勘定（資産の勘定）の借方に記入する。（借用証書のかわりに，相手方に約束手形を振り出させて金銭を貸し付けることがあるが，この場合は手形貸付金勘定で処理する。）
(2) 貸付金の利息を受け取ったときは，受取利息勘定（収益の勘定）の貸方に記入する。
(3) 借用証書と引きかえに，金銭を借り入れたときは，借入金勘定（負債の勘定）の貸方に記入する。（借用証書のかわりに，約束手形を振り出して金銭を借り入れることがあるが，この場合は，手形借入金勘定で処理する。）
(4) 借入金の利息を支払ったときは，支払利息勘定（費用の勘定）の借方に記入する。

STEP 2 【p.59】

	借　　方	貸　　方
(1)	貸 付 金 1,200,000	現　　　金 1,200,000
(2)	現　　　金　500,000	借 入 金　500,000
(3)	借 入 金　400,000 支 払 利 息　6,000	現　　　金　406,000
(4)	現　　　金　618,000	貸 付 金　600,000 受 取 利 息　18,000

21 前払金や前受金の記帳

STEP 1 【p.60】

	借 方		貸 方	
(1)	前 払 金	30,000	現 金	30,000
(2)	仕 入	300,000	前 払 金	30,000
			買 掛 金	270,000
(3)	現 金	150,000	前 受 金	150,000
(4)	前 受 金	150,000	売 上	400,000
	売 掛 金	250,000		

♀ 解 説 ♀
(1) 商品を仕入れる前に，商品代金の一部を前払いしたときは，前払金勘定（資産の勘定）の借方に記入する。
(2) 前払金は，商品を仕入れたときに，商品代金の一部に繰り入れられるので，このとき前払金勘定の貸方に記入する。
(3) 商品を売り渡す前に，商品代金の一部を受け取ったときは，前受金勘定（負債の勘定）の貸方に記入する。
(4) 前受金は，商品を売り上げたときに，商品代金の一部となるので，このとき前受金勘定の借方に記入する。

STEP 2 【p.61】

	借 方		貸 方	
(1)	現 金	90,000	前 受 金	90,000
(2)	仕 入	300,000	前 払 金	60,000
			買 掛 金	240,000
(3)	前 受 金	100,000	売 上	350,000
	売 掛 金	250,000		

22 未収金や未払金の記帳

STEP 1 【p.62】

	借 方		貸 方	
(1)	未 収 金	3,000	雑 益	3,000
(2)	現 金	3,000	未 収 金	3,000
(3)	備 品	225,000	現 金	125,000
			未 払 金	100,000
(4)	未 払 金	100,000	当 座 預 金	100,000

♀ 解 説 ♀
未収金と売掛金の相違，未払金と買掛金の相違を，しっかりと把握する。

STEP 2 【p.63】

	借 方		貸 方	
(1)	備 品	210,000	未 払 金	210,000
(2)	備 品	640,000	未 払 金	640,000
(3)	備 品	370,000	未 払 金	370,000
(4)	未 収 金	2,000	雑 益	2,000

23 給料の支払時の記帳

STEP 1 【p.64】

	借 方		貸 方	
(1)	給 料	180,000	所得税預り金	4,000
			現 金	176,000
(2)	給 料	220,000	従業員立替金	35,000
			現 金	185,000
(3)	給 料	240,000	所得税預り金	25,000
			現 金	215,000
(4)	給 料	250,000	従業員立替金	30,000
			所得税預り金	12,000
			現 金	208,000

♀ 解 説 ♀
(1) 所得税預り金は，事業主が負担する税金ではない。従業員が負担する所得税を，給料の支払いにさいして，差し引いて預かっておき，後日，納付するので，所得税（または引出金）という勘定科目で仕訳するのは間違いである。
（納付したとき）
　（借）所得税預り金　4,000　（貸）現 金 4,000

STEP 2 【p.65】

	借 方		貸 方	
(1)	給 料	750,000	所得税預り金	54,000
			現 金	696,000
(2)	所得税預り金	67,000	現 金	67,000
(3)	給 料	610,000	所得税預り金	48,000
			現 金	562,000
(4)	給 料	790,000	所得税預り金	47,000
			従業員立替金	50,000
			現 金	693,000

24 仮払金や仮受金の記帳

STEP 1 【p.66】

	借 方		貸 方	
(1)	仮 払 金	50,000	現 金	50,000
(2)	旅 費	47,000	仮 払 金	50,000
	現 金	3,000		
(3)	現 金	70,000	仮 受 金	70,000
(4)	仮 受 金	70,000	売 掛 金	70,000

♀ 解 説 ♀
(3) 送金小切手は現金勘定で処理する。
(4) 仮受金で処理した取引の反対仕訳と正しい仕訳を合わせる。
仮受金で処理した取引の反対仕訳
（借）仮 受 金 70,000 （貸）現 金 70,000
正しい仕訳
（借）現 金 70,000 （貸）売 掛 金 70,000

	借 方	貸 方
(1)	仮 払 金 40,000	現 金 40,000
(2)	旅 費 83,000 現 金 7,000	仮 払 金 90,000
(3)	当座預金 130,000	仮 受 金 130,000
(4)	仮 受 金 150,000	売 掛 金 150,000

25 受取商品券の記帳

STEP 1 【p. 68】

	借 方	貸 方
(1)	受取商品券 30,000	売 上 30,000
(2)	受取商品券 35,000 現 金 35,000	売 上 70,000
(3)	受取商品券 10,000 現 金 10,000	売 上 20,000
(4)	普通預金 35,000	受取商品券 35,000

♀ 解 説 ♀

(2) 自治体や百貨店などが発行した商品券を受け取ったときには，受取商品券勘定の借方に記入する。受取商品券は，商品券を発行した自治体や百貨店などに対する商品代金請求権を表すので，資産の勘定となる。

(4) 一定の期日に，商品券を発行した自治体や百貨店などに対して，換金を請求し，該当する金額が支払われた段階で，受取商品券勘定の貸方に記入する。

STEP 2 【p. 69】

	借 方	貸 方
(1)	受取商品券 80,000	売 上 80,000
(2)	受取商品券 30,000	売 上 29,000 現 金 1,000
(3)	受取商品券 60,000 現 金 30,000	売 上 90,000
(4)	受取商品券 100,000 現 金 30,000	売 上 130,000
(5)	普通預金 60,000	受取商品券 60,000

◎総合練習問題 3

① 【p. 70】

	借 方	貸 方
1月5日	当座預金 200,000	借 入 金 200,000
7日	備 品 326,000	当座預金 326,000
25日	借 入 金 200,000 支払利息 1,000	当座預金 201,000

当 座 預 金			2
1/1	1,900,000	1/7	326,000
5	200,000	25	201,000

備 品			5
1/7	326,000		

借 入 金			7
1/25	200,000	1/5	200,000

支 払 利 息			15
1/25	1,000		

② 【p. 71】

	借 方	貸 方
(1)	仕 入 300,000	前 払 金 45,000 買 掛 金 255,000
(2)	備 品 230,000	未 払 金 230,000
(3)	給 料 170,000	所得税預り金 23,000 現 金 147,000
(4)	仮 払 金 70,000	現 金 70,000
(5)	旅 費 68,000 現 金 2,000	仮 払 金 70,000
(6)	受取商品券 50,000	売 上 50,000
(7)	受取商品券 30,000 現 金 50,000	売 上 80,000

26 合計残高試算表の作成

STEP 1 【p. 73】

合 計 残 高 試 算 表
令和○年1月31日

借 方		元丁	勘定科目	貸 方	
残 高	合 計			合 計	残 高
250,000	1,500,000	1	現 金	1,250,000	
450,000	950,000	2	売 掛 金	500,000	
200,000	200,000	3	有価証券		
548,000	548,000	4	繰越商品		
154,000	154,000	5	備 品		
	650,000	6	買 掛 金	980,000	330,000
		7	資 本 金	1,000,000	1,000,000
		8	売 上	1,710,000	1,710,000
		9	受取利息	6,000	6,000
1,170,000	1,170,000	10	仕 入		
189,000	189,000	11	給 料		
85,000	85,000	12	支払家賃		
3,046,000	5,446,000			5,446,000	3,046,000

		借　　　方		貸　　　方	
8/1	現　　　金	1,000,000	資　本　金	1,000,000
3	備　　　品	250,000	現　　　金	250,000
6	仕　　　入	300,000	買　掛　金	300,000
11	売　掛　金	200,000	売　　　上	200,000
15	現　　　金	100,000	借　入　金	100,000
19	仕　　　入	180,000	現　　　金	80,000
			買　掛　金	100,000
20	現　　　金	160,000	売　掛　金	160,000
22	買　掛　金	240,000	現　　　金	240,000
24	現　　　金	100,000	売　　　上	170,000
	売　掛　金	70,000		
25	売　　　上	15,000	売　掛　金	15,000
26	広　告　料	30,000	現　　　金	30,000
31	雑　　　費	5,000	現　　　金	5,000

現　　　金　1

8/1	資　本　金	1,000,000	8/3	備　　品	250,000
15	借　入　金	100,000	19	仕　　入	80,000
20	売　掛　金	160,000	22	買　掛　金	240,000
24	売　　　上	100,000	26	広　告　料	30,000
			31	雑　　費	5,000

売　掛　金　2

8/11	売　　　上	200,000	8/20	現　　金	160,000
24	〃	70,000	25	売　　上	15,000

備　　　品　3

8/3	現　　　金	250,000	

買　掛　金　4

8/22	現　　　金	240,000	8/6	仕　　入	300,000
			19	〃	100,000

借　入　金　5

			8/15	現　　金	100,000

資　本　金　6

			8/1	現　　金	1,000,000

売　　　上　7

8/25	売　掛　金	15,000	8/11	売　掛　金	200,000
			24	諸　　口	170,000

仕　　　入　8

8/6	買　掛　金	300,000	
19	諸　　口	180,000	

広　告　料　9

8/26	現　　　金	30,000	

雑　　　費　10

8/31	現　　　金	5,000	

合計残高試算表
令和○年8月31日

借　　方		元丁	勘定科目	貸　　方	
残高	合計			合計	残高
755,000	1,360,000	1	現　　　金	605,000	
95,000	270,000	2	売　掛　金	175,000	
250,000	250,000	3	備　　　品		
	240,000	4	買　掛　金	400,000	160,000
		5	借　入　金	100,000	100,000
		6	資　本　金	1,000,000	1,000,000
	15,000	7	売　　　上	370,000	355,000
480,000	480,000	8	仕　　　入		
30,000	30,000	9	広　告　料		
5,000	5,000	10	雑　　　費		
1,615,000	2,650,000			2,650,000	1,615,000

27 決算整理（その1）
——商品に関する決算整理——

(1)

	借　　　方		貸　　　方	
仕　　　入	74,000	繰越商品	74,000
繰越商品	59,000	現　　　金	59,000
売　　　上	325,000	損　　　益	325,000
損　　　益	239,000	仕　　　入	239,000

繰　越　商　品

1/1	前期繰越	74,000	12/31	仕　　入	74,000
12/31	仕　　入	59,000	〃	**次期繰越**	**59,000**
		133,000			133,000

仕　　　入

		224,000	12/31	繰越商品	59,000
12/31	繰越商品	74,000	〃	損　　益	239,000
		298,000			298,000

売　　　上

12/31	損　　益	325,000		325,000

損　　　益

12/31	仕　　入	239,000	12/31	売　　上	325,000

♀ 解説 ♀

　商品売買取引を3分法で記帳している場合は，決算にさいして，つぎのようにして，売上総利益を計算しなければならない。

(1)　仕入勘定で売上原価を計算する。
　① 期首商品棚卸高を，繰越商品勘定から仕入勘定の借方に振り替える。
　　（借）仕　　入　74,000　（貸）繰越商品　74,000
　② 期末商品棚卸高を，仕入勘定の貸方と繰越商品勘定の借方に記入する。
　　（借）繰越商品　59,000　（貸）仕　　入　59,000

(2) 損益勘定で売上総利益を計算する。
　③　純売上高を，売上勘定から損益勘定の貸方に振り替える。
　　（借）売　　上 325,000 （貸）損　　益 325,000
　④　売上原価を，仕入勘定から損益勘定の借方に振り替える。
　　（借）損　　益 239,000 （貸）仕　　入 239,000
以上の手続きによって，損益勘定の貸借の差額として，売上総利益が求められる。

STEP 2 【p.78】

1. (1)

借　　　方	貸　　　方
仕　　　入　350,000	繰越商品　350,000
繰越商品　400,000	現　　　金　400,000
売　　　上 4,060,000	損　　　益 4,060,000
損　　　益 3,038,000	売　　　上 3,038,000

(2)
繰 越 商 品

1/1 前期繰越　350,000	12/31 仕　　入　350,000
12/31 仕　　入　400,000	〃 次 期 繰 越　**400,000**
750,000	750,000

仕　　　入

3,280,000	192,000
12/31 繰越商品　350,000	12/31 繰越商品　400,000
	〃 損　　益 3,038,000
3,630,000	3,630,000

売　　　上

250,000	4,310,000
12/31 損　　益 4,060,000	
4,310,000	4,310,000

損　　　益

12/31 仕　　入 3,038,000	12/31 売　　上 4,060,000

2. (1) 純 仕 入 高　¥ 1,067,000
　　 (2) 純 売 上 高　¥ 1,480,000
　　 (3) 売 上 原 価　¥ 1,037,000
　　 (4) 売上総利益　¥　 443,000

♀ **解　説** ♀
(1) ¥1,162,000－¥95,000＝¥1,067,000
(2) ¥1,605,000－¥125,000＝¥1,480,000
(3) ¥120,000＋¥1,067,000－¥150,000
　　＝¥1,037,000
(4) ¥1,480,000－¥1,037,000＝¥443,000

3. 【p.79】

	借　　方	貸　　方
12/4	仕　　　入　60,000	買　掛　金　60,000
10	売　掛　金　29,000	売　　　上　29,000
12	買　掛　金　2,000	仕　　　入　2,000
19	受 取 手 形　20,000	売　　　上　46,000
	売　掛　金　26,000	
20	売　　　上　3,000	売　掛　金　3,000
25	仕　　　入　23,000	買　掛　金　23,000
31	仕　　　入　56,000	繰 越 商 品　56,000
	繰 越 商 品　96,000	仕　　　入　96,000
	売　　　上　72,000	損　　　益　72,000
	損　　　益　41,000	仕　　　入　41,000

繰 越 商 品

12/1 前期繰越　56,000	12/31 仕　　入　56,000
12/31 仕　　入　96,000	〃 次 期 繰 越　**96,000**
152,000	152,000

仕　　　入

12/4 買 掛 金　60,000	12/12 買 掛 金　2,000
25 買 掛 金　23,000	31 繰越商品　96,000
31 繰越商品　56,000	〃 損　　益　41,000
139,000	139,000

売　　　上

12/20 売 掛 金　3,000	12/10 売 掛 金　29,000
31 損　　益　72,000	19 諸　　口　46,000
75,000	75,000

損　　　益

12/31 仕　　入　41,000	12/31 売　　上　72,000

28　決算整理（その2）
　　　　　——貸倒れの見積り——

STEP 1 【p.80】

	借　　方	貸　　方
12/31	貸倒引当金繰入　40,000	貸 倒 引 当 金　40,000
〃	損　　　益　40,000	貸倒引当金繰入　40,000
3/20	貸 倒 引 当 金　11,000	売　掛　金　11,000

貸倒引当金繰入

12/31 貸倒引当金　40,000	12/31 損　　益　40,000

貸 倒 引 当 金

12/31 次 期 繰 越　**45,000**	5,000
	12/31 貸倒引当金繰入　40,000
45,000	45,000
3/20 売 掛 金　11,000	1/1 前 期 繰 越　45,000

♀ **解　説** ♀
貸倒引当金の計算
　¥900,000×0.05＝¥45,000
　¥45,000－¥5,000(貸倒引当金の残高)＝¥40,000

STEP 2 【p.81】

	借 方	貸 方
8/15	貸倒引当金 40,000	売 掛 金 40,000
12/31	貸倒引当金繰入 24,000	貸倒引当金 24,000
〃	損 益 24,000	貸倒引当金繰入 24,000
3/10	貸倒引当金 47,000 貸 倒 損 失 3,000	売 掛 金 50,000

貸 倒 引 当 金

8/15 売 掛 金	40,000	1/1 前 期 繰 越	63,000
12/31 次 期 繰 越	**47,000**	12/31 貸倒引当金繰入	24,000
	87,000		87,000
3/10 売 掛 金	47,000	1/1 前 期 繰 越	47,000

貸倒引当金繰入

12/31 貸倒引当金	24,000	12/31 損 益	24,000

♀ 解 説 ♀

12/31 貸倒引当金の計算

¥940,000×0.05＝¥47,000

¥47,000－（¥63,000－¥40,000）＝¥24,000

3/10に発生した貸倒損失¥3,000は，貸倒損失勘定で処理することに注意。

29 決算整理（その3）
——固定資産の減価償却——

STEP 1 【p.82】

	借 方	貸 方
1/1	備 品 500,000	当 座 預 金 500,000
12/31	減価償却費 45,000	備 品 45,000
〃	損 益 45,000	減価償却費 45,000

減 価 償 却 費

12/31 備 品	45,000	12/31 損 益	45,000

♀ 解 説 ♀

$$\frac{¥500,000-¥50,000}{10年}=¥45,000$$

STEP 2 【p.83】

1. (1) $\dfrac{¥1,200,000-¥120,000}{15年}=¥72,000$

(2) $\dfrac{¥580,000-¥0}{10年}=¥58,000$

(3) $\dfrac{¥850,000-¥85,000}{5年}=¥153,000$

2.

借 方	貸 方
減価償却費 178,000	備 品 178,000

備 品 6

1/1 前 期 繰 越	534,000	12/31 減価償却費	178,000
		〃 次 期 繰 越	**356,000**
	534,000		534,000

♀ 解 説 ♀

減価償却費の計算

$$\frac{¥890,000-¥0}{5年}=¥178,000$$

30 帳簿の締め切り（帳簿決算）

STEP 1 【p.86】

(1) a.

	借 方	貸 方
a	仕 入 690,000 繰 越 商 品 730,000	繰 越 商 品 690,000 仕 入 730,000
b	貸倒引当金繰入 60,000	貸倒引当金 60,000
c	減価償却費 72,000	備 品 72,000

b.

借 方	貸 方
売 上 7,785,000 受取手数料 75,000	損 益 7,860,000
損 益 7,586,000	仕 入 5,900,000 給 料 1,080,000 支 払 家 賃 420,000 貸倒引当金繰入 60,000 減価償却費 72,000 雑 費 54,000

c.

借 方	貸 方
損 益 274,000	資 本 金 274,000

(2)

貸 倒 引 当 金 14

12/31 次 期 繰 越	**60,000**	12/31 貸倒引当金繰入	60,000

損 益 15

12/31 仕 入	5,900,000	12/31 売 上	7,785,000
〃 給 料	1,080,000	〃 受取手数料	75,000
〃 支 払 家 賃	420,000		
〃 貸倒引当金繰入	60,000		
〃 減価償却費	72,000		
〃 雑 費	54,000		
〃 資 本 金	274,000		
	7,860,000		7,860,000

♀ 解 説 ♀

貸倒引当金の計算

¥6,580,000－¥5,380,000＝¥1,200,000

……売掛金残高

¥1,200,000×0.05＝¥60,000

31 精算表の作成

STEP 1 【p.90】

精　算　表
令和○年12月31日

勘定科目	試　算　表		整　理　記　入		損　益　計　算　書		貸　借　対　照　表	
	借　方	貸　方	借　方	貸　方	借　方	貸　方	借　方	貸　方
現　　　　　金	998,000						998,000	
当 座 預 金	1,872,000						1,872,000	
売 　掛　 金	2,760,000						2,760,000	
貸倒引当金		13,000		125,000				138,000
繰 越 商 品	1,163,000		957,000	1,163,000			957,000	
貸 　付　 金	1,400,000						1,400,000	
備　　　　品	900,000			150,000			750,000	
買 　掛　 金		2,380,000						2,380,000
前 　受　 金		262,000						262,000
資 　本　 金		5,000,000						5,000,000
売　　　　上		11,952,000				11,952,000		
受 取 利 息		61,000				61,000		
仕　　　　入	8,374,000		1,163,000	957,000	8,580,000			
給　　　　料	1,590,000				1,590,000			
広 　告　 料	78,000				78,000			
支 払 家 賃	480,000				480,000			
雑　　　　費	37,000				37,000			
現 金 過 不 足	16,000			16,000				
	19,668,000	19,668,000						
（貸倒引当金繰入）			125,000		125,000			
（減価償却費）			150,000		150,000			
（雑　　　損）			16,000		16,000			
（当期純利益）					957,000			957,000
			2,411,000	2,411,000	12,013,000	12,013,000	8,737,000	8,737,000

🍀 解　説 🍀

貸倒引当金繰入の計算

　　¥2,760,000×0.05＝¥138,000

　　¥138,000－¥13,000(貸倒引当金の残高)＝¥125,000

減価償却費の計算

　　$\dfrac{¥1,200,000-¥0}{8\,年}=¥150,000$

決算整理事項のdの仕訳

　　(借)雑　　　損　16,000　(貸)現金過不足　16,000

1. (1)

精 算 表
令和○年12月31日

勘定科目	試 算 表 借 方	試 算 表 貸 方	整 理 記 入 借 方	整 理 記 入 貸 方	損 益 計 算 書 借 方	損 益 計 算 書 貸 方	貸 借 対 照 表 借 方	貸 借 対 照 表 貸 方
現 金	451,000						451,000	
当 座 預 金	1,240,000						1,240,000	
売 掛 金	1,500,000						1,500,000	
貸倒引当金		6,000		24,000				30,000
繰 越 商 品	594,000		648,000	594,000			648,000	
前 払 金	300,000						300,000	
備 品	840,000			210,000			630,000	
支 払 手 形		830,000						830,000
買 掛 金		972,000						972,000
資 本 金		2,700,000						2,700,000
売 上		9,450,000				9,450,000		
受 取 手 数 料		89,000				89,000		
仕 入	6,858,000		594,000	648,000	6,804,000			
給 料	1,356,000				1,356,000			
支 払 家 賃	828,000				828,000			
消 耗 品 費	64,000				64,000			
雑 費	18,000				18,000			
現 金 過 不 足		2,000	2,000					
	14,049,000	14,049,000						
(貸倒引当金繰入)			24,000		24,000			
(減価償却費)			210,000		210,000			
(雑 益)				2,000		2,000		
(当期純利益)					**237,000**			237,000
			1,478,000	1,478,000	9,541,000	9,541,000	4,769,000	4,769,000

(2)

貸 倒 引 当 金　　　　4

⁶/₆ 売 掛 金	20,000		¹/₁ 前 期 繰 越	26,000	
¹²/₃₁ **次 期 繰 越**	**30,000**		¹²/₃₁ 貸倒引当金繰入	24,000	
	50,000			50,000	

♀ **解 説** ♀

貸倒引当金の計算
　　¥1,500,000×2％＝¥30,000
　　¥30,000−¥6,000＝¥24,000

減価償却費の計算
　　$\dfrac{¥1,260,000−¥0}{6 年}=¥210,000$

2. (1)

精　算　表

令和○年12月31日

勘定科目	試算表 借方	試算表 貸方	整理記入 借方	整理記入 貸方	損益計算書 借方	損益計算書 貸方	貸借対照表 借方	貸借対照表 貸方
現　　　　金	462,000						462,000	
当 座 預 金	1,231,000						1,231,000	
売 　掛　 金	2,600,000						2,600,000	
貸 倒 引 当 金		2,000		50,000				52,000
繰 越 商 品	654,000		789,000	654,000			789,000	
備　　　　品	480,000			160,000			320,000	
支 払 手 形		721,000						721,000
買 　掛　 金		1,352,000						1,352,000
前 　受　 金		490,000						490,000
資 　本　 金		2,500,000						2,500,000
売　　　　上		9,160,000				9,160,000		
受 取 利 息		27,000				27,000		
仕　　　　入	6,412,000		654,000	789,000	6,277,000			
給　　　　料	1,296,000				1,296,000			
広 　告　 料	864,000				864,000			
支 払 家 賃	239,000				239,000			
雑　　　　費	18,000				18,000			
現 金 過 不 足		4,000	4,000					
	14,256,000	14,256,000						
(貸倒引当金繰入)			50,000		50,000			
(減価償却費)			160,000		160,000			
(雑　　　益)				4,000		4,000		
(当期純利益)					**287,000**			287,000
			1,657,000	1,657,000	9,191,000	9,191,000	5,402,000	5,402,000

(2)

備　　　　品　　　　　6

½ 前 期 繰 越	480,000	½₃₁ 減価償却費	160,000
		〃 **次 期 繰 越**	**320,000**
	480,000		480,000

🏷 解　説 🏷

貸倒引当金の計算
　　¥2,600,000×2％＝¥52,000
　　¥52,000−¥2,000＝¥50,000
売上原価の計算

仕　　　　　　入

期首商品 ¥654,000	売上原価 (¥6,277,000)
当期仕入 ¥6,412,000	期末商品 ¥789,000

(1)
精 算 表
令和○年12月31日

勘 定 科 目	残 高 試 算 表 借 方	残 高 試 算 表 貸 方	整 理 記 入 借 方	整 理 記 入 貸 方	損 益 計 算 書 借 方	損 益 計 算 書 貸 方	貸 借 対 照 表 借 方	貸 借 対 照 表 貸 方
現　　　　金	850,000						850,000	
当 座 預 金	1,310,000						1,310,000	
売 掛 金	600,000						600,000	
貸倒引当金		9,000		3,000				12,000
繰 越 商 品	398,000		427,000	398,000			427,000	
備　　　　品	1,500,000			500,000			1,000,000	
支 払 手 形		468,000						468,000
買 掛 金		715,000						715,000
資 本 金		2,775,000						2,775,000
売　　　　上		5,907,000				5,907,000		
固定資産売却益		98,000				98,000		
仕　　　　入	3,539,000		398,000	427,000	3,510,000			
給　　　料	1,128,000				1,128,000			
支 払 家 賃	480,000				480,000			
水 道 光 熱 費	132,000				132,000			
消 耗 品 費	24,000				24,000			
雑　　　　費	15,000				15,000			
現 金 過 不 足		4,000	4,000					
	9,976,000	9,976,000						
貸倒引当金繰入			3,000		3,000			
減 価 償 却 費			500,000		500,000			
雑　　　　益				4,000		4,000		
当期純利益					**217,000**			217,000
			1,332,000	1,332,000	6,009,000	6,009,000	4,187,000	4,187,000

(2)
固定資産売却益			11
1/31 損　益	98,000	1/6 当座預金	98,000

♀ **解　説** ♀
貸倒引当金の計算
　¥600,000×2％＝¥12,000
　¥12,000－¥9,000＝¥3,000
減価償却費の計算
$$\frac{¥2,500,000-¥0}{5年}=¥500,000$$

32　財務諸表の作成

1.
(1)

	借　　方		貸　　方	
a	仕　　入	800,000	繰 越 商 品	800,000
	繰 越 商 品	870,000	仕　　入	870,000
b	貸倒引当金繰入	70,000	貸倒引当金	70,000
c	減価償却費	70,000	備　　品	70,000
d	雑　　損	1,000	現金過不足	1,000

(2)
損		益	
1/31 仕　入	2,130,000	1/31 売　上	2,800,000
〃 給　　料	360,000	〃 (受取手数料)	140,000
〃 支 払 家 賃	160,000		
〃 雑　　費	19,000		
〃 (貸倒引当金繰入)	70,000		
〃 (減価償却費)	70,000		
〃 (雑　損)	1,000		
〃 資 本 金	130,000		
	2,940,000		2,940,000

(3)

貸 借 対 照 表

兵庫商店　　　　令和○年12月31日　　　　（単位：円）

資　産	金　額	負債および純資産	金　額
現　　金	450,000	買 掛 金	1,200,000
当座預金	500,000	（前 受 金）	45,000
（売掛金）(1,500,000)		資 本 金	2,500,000
（貸倒引当金）(75,000)	1,425,000	（当期純利益）	130,000
商　　品	870,000		
備　　品	630,000		
	3,875,000		3,875,000

♀ 解　説 ♀

貸倒引当金の計算

　¥1,500,000×5％＝¥75,000

　¥75,000－¥5,000＝¥70,000

減価償却費の計算

　$\dfrac{¥700,000-¥0}{10年}=¥70,000$

2.　【p.102】

(1)

	借　　方		貸　　方	
a	仕　　入	590,000	繰 越 商 品	590,000
	繰 越 商 品	610,000	仕　　入	610,000
b	貸倒引当金繰入	54,000	貸倒引当金	54,000
c	減価償却費	178,000	備　　品	178,000
d	現金過不足	2,000	雑　　益	2,000

(2)

備　　品　　　　　　　6

1/1	前 期 繰 越	534,000	12/31	減価償却費	178,000
			〃	次 期 繰 越	356,000
		534,000			534,000

支 払 利 息　　　　　　19

6/30	現　　金	9,000	12/31	損　　益	18,000
12/31	現　　金	9,000			
		18,000			18,000

(3)

損 益 計 算 書

東北商店　令和○年1月1日から令和○年12月31日まで（単位：円）

費　用	金　額	収　益	金　額
売 上 原 価	6,287,000	（売 上 高）	9,847,000
給　　料	1,968,000	受取手数料	26,000
（貸倒引当金繰入）	54,000	（雑　益）	2,000
（減価償却費）	178,000		
支 払 家 賃	912,000		
通 信 費	84,000		
消 耗 品 費	37,000		
雑　　費	9,000		
支 払 利 息	18,000		
（当期純利益）	328,000		
	9,875,000		9,875,000

♀ 解　説 ♀

貸倒引当金の計算

　¥2,850,000×2％＝¥57,000

　¥57,000－¥3,000＝¥54,000

減価償却費の計算

　$\dfrac{¥890,000-¥0}{5年}=¥178,000$

STEP 2　【p.104】

(1)

	借　　方		貸　　方	
a	仕　　入	820,000	繰 越 商 品	820,000
	繰 越 商 品	740,000	仕　　入	740,000
b	貸倒引当金繰入	31,000	貸倒引当金	31,000
c	減価償却費	225,000	備　　品	225,000
d	雑　　損	4,000	現金過不足	4,000

(2)

売　　上　　　　　　11

		129,000		9,701,000
12/31	損　　益	9,572,000		
		9,701,000		9,701,000

(3)

貸 借 対 照 表

北陸商店　　　　令和○年12月31日　　　　（単位：円）

資　産	金　額	負債および純資産	金　額
現　　金	782,000	買 掛 金	1,480,000
当座預金	1,436,000	（前 受 金）	230,000
売 掛 金(1,850,000)		資 本 金	4,520,000
貸倒引当金(37,000)	1,813,000	（当期純利益）	591,000
（商　品）	740,000		
貸 付 金	1,600,000		
備　　品	450,000		
	6,821,000		6,821,000

♀ 解　説 ♀

貸倒引当金の計算

　¥1,850,000×2％＝¥37,000

　¥37,000－¥6,000＝¥31,000

減価償却費の計算

　$\dfrac{¥1,350,000-¥0}{6年}=¥225,000$

2.【p.106】

(1)

	借　　方		貸　　方	
a	仕　　入	600,000	繰 越 商 品	600,000
	繰 越 商 品	560,000	仕　　入	560,000
b	貸倒引当金繰入	24,000	貸倒引当金	24,000
c	減価償却費	150,000	備　　品	150,000
d	雑　　損	3,000	現金過不足	3,000

(2)

資　本　金　　　　　　11

12/31	（次期繰越）	(3,136,000)	1/1	前 期 繰 越	2,934,000
			12/31	（損　　益）	(202,000)
		(3,136,000)			(3,136,000)

— 22 —

(3)
損 益 計 算 書

四国商店　令和○年1月1日から令和○年12月31日まで（単位：円）

費　　用	金　額	収　　益	金　額
売 上 原 価	6,430,000	（売　上　高）	10,600,000
給　　料	2,070,000	受 取 利 息	32,000
（貸倒引当金繰入）	24,000		
（減価償却費）	150,000		
支 払 家 賃	1,440,000		
広 告 料	123,000		
通 信 費	96,000		
消 耗 品 費	58,000		
雑　　費	36,000		
雑　　損	3,000		
（当期純利益）	202,000		
	10,632,000		10,632,000

♀ **解　説** ♀

(1) 貸倒引当金の計算
$¥1,300,000×2\%＝¥26,000$
$¥26,000−¥2,000＝¥24,000$

減価償却費の計算
$$\frac{¥1,200,000−¥0}{8年}＝¥150,000$$

(2) 損益勘定から資本金勘定へ¥202,000が振り替えられているので，決算時には以下の決算振替仕訳がおこなわれていることになる。
（借）損　益　202,000　（貸）資 本 金　202,000

STEP 2　【p.108】

3.

(1)

	借　　　方	貸　　　方
a	仕　　　入　725,000	繰 越 商 品　725,000
	繰 越 商 品　694,000	仕　　　入　694,000
b	貸倒引当金繰入　93,000	貸 倒 引 当 金　93,000
c	減 価 償 却 費　36,000	備　　　品　36,000
d	雑　　　損　8,000	現 金 過 不 足　8,000

(2)

現　　　金　　　　1

	840,000		547,000
		¹²⁄₃₁ 次 期 繰 越	**293,000**
	840,000		840,000

仕　　　入　　　12

	6,094,000		21,000
¹²⁄₃₁ 繰 越 商 品	725,000	¹²⁄₃₁ 繰 越 商 品	694,000
		〃 損　　益	6,104,000
	6,819,000		6,819,000

---

(3)
貸 借 対 照 表

近畿商店　令和○年12月31日　（単位：円）

資　　産	金　額	負債および純資産	金　額
現　　金	293,000	（支 払 手 形）	1,200,000
（当座預金）	1,710,000	（買 掛 金）	560,000
売 掛 金(2,580,000)		借 入 金	250,000
（貸倒引当金)(129,000)	2,451,000	資 本 金	3,000,000
商　　品	694,000	（当期純利益）	358,000
備　　品	220,000		
	5,368,000		5,368,000

♀ **解　説** ♀

貸倒引当金の計算
$¥2,580,000×0.05＝¥129,000$
$¥129,000−¥36,000＝¥93,000$

減価償却費の計算
$$\frac{¥400,000−¥40,000}{10年}＝¥36,000$$

33 伝票の利用

STEP 1 【p. 111】

入 金 伝 票
令和○年1月7日　　　No. 10

科目	借入金	入金先	大 分 商 店 殿					
摘　　要			金　　　額					
借り入れ　小切手＃13			2	0	0	0	0	0
合　　計			2	0	0	0	0	0

出 金 伝 票
令和○年1月7日　　　No. 12

科目	備品	支払先	長 崎 商 店 殿					
摘　　要			金　　　額					
商品陳列用ケース購入			2	1	0	0	0	0
合　　計			2	1	0	0	0	0

振 替 伝 票
令和○年1月7日　　　No. 17

勘 定 科 目	借		方				勘 定 科 目	貸		方			
定 期 預 金	4	0	0	0	0	0	当 座 預 金	4	0	0	0	0	0
合　　計	4	0	0	0	0	0	合　　計	4	0	0	0	0	0
摘要	九州銀行に定期預金預け入れ　小切手＃21振り出し												

STEP 2 【p. 112】

入 金 伝 票
令和○年4月26日　　　No. 17

科目	受取手数料	入金先	足 利 商 店 殿					
摘　　要			金　　　額					
商品売買の仲介手数料				2	3	0	0	0
合　　計				2	3	0	0	0

出 金 伝 票
令和○年4月26日　　　No. 15

科目	通信費	支払先	小 山 郵 便 局 殿					
摘　　要			金　　　額					
郵便切手購入					7	0	0	0
合　　計					7	0	0	0

振 替 伝 票
令和○年4月26日　　　No. 32

勘 定 科 目	借		方				勘 定 科 目	貸		方			
買 掛 金	3	9	0	0	0	0	受 取 手 形	3	9	0	0	0	0
合　　計	3	9	0	0	0	0	合　　計	3	9	0	0	0	0
摘要	宇都宮商店に買掛金支払い　約束手形＃5裏書譲渡												

2. 【p.113】

入　金　伝　票					
令和○年 6 月18日					No. 13
科目	前受金	入金先	奈 良 商 店 殿		
摘　　要			金　　　額		
商品代金の内金受け取り				4 8 0 0 0	
合　　計				4 8 0 0 0	

出　金　伝　票					
令和○年 6 月18日					No. 30
科目	通信費	支払先	京 都 郵 便 局 殿		
摘　　要			金　　　額		
郵便切手購入				9 0 0 0	
合　　計				9 0 0 0	

振　替　伝　票					
令和○年 6 月18日					No. 26
勘　定　科　目	借　　　方		勘　定　科　目	貸　　　方	
借　入　金	5 0 0 0 0 0		当 座 預 金	5 0 0 0 0 0	
合　　計	5 0 0 0 0 0		合　　計	5 0 0 0 0 0	
摘要	和歌山商店へ借入金を返済　小切手＃11　振り出し				

34　計算問題（その１）

STEP 1 【p.115】

(1)

ア	イ
¥ 6,240,000	¥ 2,100,000

(2)

ア
¥ 6,310,000

(3)

ア	イ
¥ 4,100,000	¥ 3,200,000

(4)

ア	イ
¥ 4,290,000	¥ 2,310,000

♀ 解　説 ♀

(1) ア．¥6,680,000－¥440,000＝¥6,240,000
　　イ．¥5,400,000－¥2,310,000＝¥3,090,000
　　　　　　　　　　　　　（期末の純資産額）
　　¥3,090,000－¥440,000＝¥2,650,000
　　　　　　　　　　　　　（期首の純資産額）
　　¥4,750,000－¥2,650,000＝¥2,100,000
　　　　　　　　　　　　　（期首の負債総額）
(2) ア．¥6,150,000－¥2,980,000＝¥3,170,000
　　　　　　　　　　　　　（期首の純資産額）
　　¥3,170,000＋¥350,000＝¥3,520,000
　　　　　　　　　　　　　（期末の純資産額）
　　¥3,520,000＋¥2,790,000＝¥6,310,000
　　　　　　　　　　　　　（期末の資産総額）
(3) ア．¥4,340,000－¥240,000＝¥4,100,000
　　　　　　　　　　　　　（費用総額）
　　イ．¥2,870,000－¥1,540,000＝¥1,330,000
　　　　　　　　　　　　　（期首の純資産額）
　　¥1,330,000＋¥240,000＝¥1,570,000

（期末の純資産額）
¥1,570,000＋¥1,630,000＝¥3,200,000
（期末の資産総額）
(4) ア．¥4,162,000＋¥128,000＝¥4,290,000
　　　　　　　　　　　　　（当期の収益総額）
　　イ．¥3,045,000－¥1,587,000＝¥1,458,000
　　　　　　　　　　　　　（期末の純資産額）
　　¥1,458,000－¥421,000＝¥1,037,000
　　　　　　　　　　　　　（期首の純資産額）
　　¥1,037,000＋¥1,273,000＝¥2,310,000
　　　　　　　　　　　　　（期首の資産総額）

STEP 2 【p.116】

(1)

a	b
¥ 6,080,000	¥ 2,800,000

(2)

a	b
¥ 3,970,000	¥ 4,180,000

♀ 解　説 ♀

(1) ア．¥6,400,000－¥320,000＝¥6,080,000
　　　　　　　　　　　　　（期間中の費用総額）
　　イ．¥1,500,000＋¥3,530,000＋¥600,000
　　　　＋¥900,000－¥1,310,000－¥1,200,000
　　　＝¥4,020,000　　　　（期末の純資産額）
　　¥4,020,000－¥320,000＝¥3,700,000
　　　　　　　　　　　　　（期首の純資産額）
　　¥6,500,000－¥3,700,000＝¥2,800,000
　　　　　　　　　　　　　（期首の負債総額）
(2) a．¥5,840,000－（¥720,000＋¥480,000
　　　　＋¥70,000＋¥600,000）＝¥3,970,000
　　　　　　　　　　　　　（売上原価）
　　　3分法では売上原価は，仕入勘定から損益勘定
　　に振り替えられることに注意する。

b．損益勘定で計算された当期純利益は，損益勘定から資本金勘定へ振り替えられることに注意する。損益勘定の記入状況をみると，¥600,000が当期純利益であることがわかる。

¥3,470,000−¥970,000＝¥2,500,000
（期首の純資産額）

¥2,500,000＋¥600,000＝¥3,100,000
（期末の純資産額）

¥3,100,000＋¥1,080,000＝¥4,180,000
（期末の資産総額）

2.

ア	イ
¥ 6,310,000	¥ 2,430,000

♀ **解　説** ♀

ア．¥5,130,000＋¥1,180,000＝¥6,310,000
（期間中の収益総額）

イ．当期純利益は損益勘定から資本金勘定へ振り替えられるので，12月31日の空欄には¥1,180,000が入る。貸借差額により前期繰越の金額（期首の純資産額）は，¥7,070,000と算定できる。

¥9,500,000−¥7,070,000＝¥2,430,000
（期首の負債総額）

35　計算問題（その2）

STEP 1　【p.118】

1.

a	1	b	200　台

♀ **解　説** ♀

a．1月23日の残高欄をみると，異なる単価の残高が記帳されているので先入先出法が採用されていることがわかる。移動平均法を採用していた場合，同一の単価で単価欄は記入されることになる。

b．1月28日に横浜商店に単価¥750のA品を100個払い出しているので，残高は単価¥770のA品が200台ということになる。

2.

a	¥ 8,492,000	b	¥ 522,000

♀ **解　説** ♀

a．仕訳帳の合計金額と合計試算表の合計金額は一致するので，空欄aには仕訳帳の合計金額¥8,492,000が入ることになる。

b．買掛金勘定の記入状況から，空欄bには¥522,000が入ることになる。

¥381,000＋¥975,000−¥834,000＝¥522,000

36　文章問題

STEP 1　【p.120】

1.

(1)	1	(2)	2

♀ **解　説** ♀

(1) 個人企業においては，事業主個人の生活で使用される金銭や物品は，家計という別の会計単位に属するため，企業の簿記とは区別しなければならない。

(2) 売掛金元帳に対する売掛金勘定や買掛金元帳に対する買掛金勘定などのように，補助簿の人名勘定をまとめた勘定を統制勘定という。

2.

(1)	2	(2)	2	(3)	2
(4)	2	(5)	1	(6)	3

♀ **解　説** ♀

(6) 損益計算書を英語で Income Statement（I/S）ということもある。

◎　形式問題 ──仕訳帳── 【p.122】

1

令和○年		摘　　要	元丁	借　方	貸　方
1	1	前期繰越高	✓	3,650,000	3,650,000
	5	（仕　入）	13	585,000	
		（買掛金）			585,000
	8	（買掛金）		19,000	
		（仕　入）	13		19,000
	12	（備　品）		250,000	
		（現　金）	1		250,000
	14	（借入金）		500,000	
		（支払利息）		1,000	
		（当座預金）	2		501,000
	20	（仕　入）	13	160,000	
		（当座預金）	2		160,000
	25	（給　料）		250,000	
		（所得税預り金）			8,000
		（現　金）	1		242,000
	29	（当座預金）	2	425,000	
		（売　上）			425,000

	現		金		1
1/1	前期繰越	2,400,000	1/12		250,000
			25		242,000

	当 座	預	金		2
1/1	前期繰越	1,630,000	1/14		501,000
29		425,000	20		160,000

	仕		入		13
1/5		585,000	1/8		19,000
20		160,000			

2

(1)

<table>
<tr><th colspan="2">令和
○年</th><th>摘　　　要</th><th>内　訳</th><th>金　額</th></tr>
<tr><td>5</td><td>2</td><td>愛知商店　　　　　掛け</td><td></td><td></td></tr>
<tr><td></td><td></td><td>A品　300個　@¥1,200</td><td></td><td>360,000</td></tr>
<tr><td></td><td>12</td><td>福井商店　掛け</td><td></td><td></td></tr>
<tr><td></td><td></td><td>A品　350個　@¥1,300</td><td>390,000</td><td></td></tr>
<tr><td></td><td></td><td>B品　200〃　〃〃1,500</td><td>300,000</td><td>690,000</td></tr>
<tr><td></td><td>27</td><td>**福井商店　　　　掛け返品**</td><td></td><td></td></tr>
<tr><td></td><td></td><td>**B品　10個　@¥1,500**</td><td></td><td>**15,000**</td></tr>
<tr><td></td><td>31</td><td>総 仕 入 高</td><td></td><td>1,050,000</td></tr>
<tr><td></td><td>〃</td><td>**仕入返品高**</td><td></td><td>**15,000**</td></tr>
<tr><td></td><td></td><td>純 仕 入 高</td><td></td><td>1,035,000</td></tr>
</table>

(2)
商　品　有　高　帳

（先入先出法）　　　品　名　A　品　　　　　　　単位：個

<table>
<tr><th colspan="2">令和
○年</th><th>摘　要</th><th colspan="3">受　　入</th><th colspan="3">引　　渡</th><th colspan="3">残　　高</th></tr>
<tr><th></th><th></th><th></th><th>数量</th><th>単価</th><th>金　額</th><th>数量</th><th>単価</th><th>金　額</th><th>数量</th><th>単価</th><th>金　額</th></tr>
<tr><td>5</td><td>1</td><td>前 月 繰 越</td><td>300</td><td>1,100</td><td>330,000</td><td></td><td></td><td></td><td>300</td><td>1,100</td><td>330,000</td></tr>
<tr><td></td><td>2</td><td>愛 知 商 店</td><td>300</td><td>1,200</td><td>360,000</td><td></td><td></td><td></td><td>{300</td><td>1,100</td><td>330,000</td></tr>
<tr><td></td><td></td><td></td><td></td><td></td><td></td><td></td><td></td><td></td><td>300</td><td>1,200</td><td>360,000</td></tr>
<tr><td></td><td>5</td><td>三 重 商 店</td><td></td><td></td><td></td><td>{300</td><td>1,100</td><td>330,000</td><td></td><td></td><td></td></tr>
<tr><td></td><td></td><td></td><td></td><td></td><td></td><td>100</td><td>1,200</td><td>120,000</td><td>200</td><td>1,200</td><td>240,000</td></tr>
<tr><td></td><td>12</td><td>福 井 商 店</td><td>300</td><td>1,300</td><td>390,000</td><td></td><td></td><td></td><td>{200</td><td>1,200</td><td>240,000</td></tr>
<tr><td></td><td></td><td></td><td></td><td></td><td></td><td></td><td></td><td></td><td>300</td><td>1,300</td><td>390,000</td></tr>
<tr><td></td><td>31</td><td>**次 月 繰 越**</td><td></td><td></td><td></td><td>{**200**</td><td>**1,200**</td><td>**240,000**</td><td></td><td></td><td></td></tr>
<tr><td></td><td></td><td></td><td></td><td></td><td></td><td>**300**</td><td>**1,300**</td><td>**390,000**</td><td></td><td></td><td></td></tr>
<tr><td></td><td></td><td></td><td>900</td><td></td><td>1,080,000</td><td>900</td><td></td><td>1,080,000</td><td></td><td></td><td></td></tr>
</table>

(3)
買 掛 金 元 帳

愛 知 商 店　　　　1

<table>
<tr><td>5/20</td><td>200,000</td><td>5/1</td><td>280,000</td></tr>
<tr><td>31</td><td>**440,000**</td><td>2</td><td>360,000</td></tr>
<tr><td></td><td>640,000</td><td></td><td>640,000</td></tr>
</table>

福 井 商 店　　　　2

<table>
<tr><td>5/27</td><td>15,000</td><td>5/1</td><td>120,000</td></tr>
<tr><td>31</td><td>**795,000**</td><td>12</td><td>690,000</td></tr>
<tr><td></td><td>810,000</td><td></td><td>810,000</td></tr>
</table>

◎ 形式問題 ──帳簿（その2）──【p.126】

3

仕　訳　帳　　7

令和○年	摘　　要	元丁	借　方	貸　方
7 1	前ページから		4,250,000	4,250,000
	（売掛金）		310,000	
	（売　上）			310,000
8	（売　上）		16,000	
	（売掛金）			16,000
15	（仕　入）		185,000	
	（当座預金）			180,000
	（現　金）			5,000
20	（売掛金）		82,000	
	（売　上）			82,000
27	（当座預金）		100,000	
	（売掛金）			100,000

当座預金出納帳　　1

令和○年	摘　　要	預　入	引　出	借または貸	残　高
7 1	前月繰越	480,000		借	480,000
15	仕　入　れ		180,000	〃	300,000
27	売掛金回収	100,000		〃	400,000
31	**次月繰越**		**400,000**		
		580,000	580,000		

売　上　帳　　7

令和○年	摘　　要	内　訳	金　額
7 7	静岡商店　　　　掛け		
	A品　150個　@¥800	120,000	
	B品　200個　@¥900	190,000	310,000
8	**静岡商店　　　掛け返品**		
	A品　　20個　@¥800		**16,000**
28	山梨商店　　　　掛け		
	A品　100個　@¥820		82,000
31	総 売 上 高		392,000
〃	**売上返品高**		**16,000**
	純 売 上 高		376,000

売 掛 金 元 帳

静 岡 商 店

7/1		210,000	7/8		16,000
7		310,000			

山 梨 商 店

7/1		100,000	7/27		100,000
20		82,000			

◎ 形式問題 ──伝票記入──【p.128】

4

入　金　伝　票
令和○年2月10日　　　No. 18

科目	前受金	入金先	新 潟 商 店 殿
摘　　要		金　　額	
商品代金の内金受け取り		2 3 0 0 0	
合　　　計		2 3 0 0 0	

出　金　伝　票
令和○年2月10日　　　No. 10

科目	広告料	支払先	山 形 新 聞 店 殿
摘　　要		金　　額	
折り込み広告料		1 8 0 0 0	
合　　　計		1 8 0 0 0	

振　替　伝　票
令和○年2月10日　　　No. 15

勘 定 科 目	借　　方	勘 定 科 目	貸　　方
借　入　金	3 0 0 0 0 0	当 座 預 金	3 0 0 0 0 0
合　　　計	3 0 0 0 0 0	合　　　計	3 0 0 0 0 0
摘要	石川商店へ借入金を返済　小切手#25　振り出し		

◎ 形式別問題 ──文章・計算── 【p.129】

⑤

(1)

ア	イ	ウ
2	4	1

(2)

ア	イ
2	4

(3)

ア	イ
¥ 6,400,000	¥ 1,100,000

♀ 解 説 ♀

(3)

ア．青森商店の貸借対照表から当期純利益が
　¥300,000であることがわかる。
　¥6,700,000－¥300,000＝¥6,400,000
　　　　　　　　　　　　　（期間中の費用総額）

イ．¥2,500,000－¥1,000,000＝¥1,500,000
　　　　　　　　　　　　　（期首の純資産額）
　¥1,500,000＋300,000＝¥1,800,000
　　　　　　　　　　　　　（期末の純資産額）
　¥2,900,000－¥1,800,000＝¥1,100,000
　　　　　　　　　　　　　（期末の負債総額）

　あるいは貸借対照表の期首資本金の金額が
¥1,500,000であることから借入金を¥500,000と推定
し，買掛金¥600,000と合算して期末の負債総額を算
定してもよい。
　¥2,900,000－（¥600,000＋¥1,500,000
　　　　＋¥300,000）＝¥500,000（期末の借入金）
　¥500,000＋¥600,000＝¥1,100,000
　　　　　　　　　　　　　（期末の負債総額）

◎ 形式問題 ──決算（その1）── 【p.130】

	借　　方		貸　　方	
a	仕　　入	850,000	繰越商品	850,000
	繰越商品	790,000	仕　　入	790,000
b	貸倒引当金繰入	42,000	貸倒引当金	42,000
c	減価償却費	100,000	備　　品	100,000
d	現金過不足	3,000	雑　　益	3,000

(2)

備		品		6
1/1 前期繰越	600,000	12/31 減価償却費	100,000	
		〃　 次 期 繰 越	500,000	
	600,000		600,000	

支 払 利 息			19
6/30 現　　金	9,000	12/31 損　　益	18,000
12/31 現　　金	9,000		
	18,000		18,000

---

(3)

損 益 計 算 書

関東商店　令和○年1月1日から令和○年12月31日まで　（単位：円）

費　用	金　額	収　益	金　額
売 上 原 価	5,810,000	（売 上 高）	7,732,000
給　　料	1,314,000	受取手数料	35,000
（貸倒引当金繰入）	42,000	（雑　　益）	3,000
（減価償却費）	100,000		
支 払 家 賃	200,000		
通 信 費	4,000		
消 耗 品 費	3,000		
雑　　費	8,000		
支 払 利 息	18,000		
（当期純利益）	271,000		
	7,770,000		7,770,000

♀ 解 説 ♀

(1)
・貸倒引当金繰入の計算
　¥2,200,000×2％－¥2,000＝¥42,000
・減価償却費の計算
　$\dfrac{¥800,000－¥0}{8 年}＝¥100,000$

(2) 資産・負債・純資産（資本）の各勘定の残高は決
　算日の日付で次期に繰り越す。また，収益と費用の
　各勘定の残高は，損益勘定に振り替える。資産・負
　債・純資産の次期繰越高は繰越資産表に集計され，
　貸借対照表を作成するさいの基礎資料となる。また
　収益と費用の残高が振り替えられた損益勘定は損益
　計算書を作成するさいの基礎資料となる。

(3) 損益勘定をもとに損益計算書を作成する。ただし，
　仕入勘定で計算された売上原価は「売上原価」とし
　て表示し，売上勘定の残高は「売上高」として表示
　することに注意する。

◎ 形式問題 ──決算（その2）── 【p.132】

損 益 計 算 書

信越商店　令和○年1月1日から令和○年12月31日まで　（単位：円）

費　用	金　額	収　益	金　額
売 上 原 価	2,446,000	（売 上 高）	3,160,000
給　　料	300,000	受取手数料	10,000
（貸倒引当金繰入）	14,000		
（減価償却費）	45,000		
支 払 家 賃	50,000		
消 耗 品 費	83,000		
雑　　費	15,000		
支 払 利 息	18,000		
（当期純利益）	199,000		
	3,170,000		3,170,000

貸 借 対 照 表

信越商店　　　　令和○年12月31日

資　　産	金　額	負債および純資産	金　額
現　　　金	530,000	買 掛 金	398,000
当 座 預 金	590,000	(前 受 金)	180,000
売 掛 金 (800,000)		借 入 金	102,000
(貸倒引当金)(16,000)	784,000	資 本 金	2,000,000
(商　　品)	520,000	(当期純利益)	199,000
備　　　品	455,000		
	2,879,000		2,879,000

♀ 解　説 ♀

　決算整理仕訳を示すと以下のようになる。

a．（借）仕　　　入 490,000　（貸）繰越商品 490,000
　　　　 繰越商品 520,000　　　 仕　　　入 520,000
b．（借）貸倒引当金繰入 14,000　（貸）貸倒引当金 14,000
c．（借）減価償却費 45,000　（貸）備　　　品 45,000

　決算整理仕訳の結果，仕入勘定で売上原価が計算され，損益計算書には「売上原価」として表示する。

仕　　　　　　　入

期首商品棚卸高 ¥ 490,000	売上原価 (¥2,446,000)
当期仕入高 ¥2,476,000	
	期末商品 ¥520,000

　また，貸借対照表に表示するさいには，繰越商品勘定の残高を「商品」として表示することや，貸倒引当金勘定は貸方残高ではあるものの売掛金勘定から控除する形式で表示することなど注意する。